Das Wunder Mirin Dajo

Umschlaggestaltung: ARTELIER/Peter Hofstätter
Satz und Layout: Agentur Pegasus, Zella-Mehlis
Druck und Bindung: GGP Media, Pößneck

ISBN 3-930219-74-3

Gerne senden wir Ihnen unser Verlagsverzeichnis
Kopp Verlag
Graf-Wolfegg-Str. 71
D-72108 Rottenburg
Email: info@kopp-verlag.de
Tel.: (0 74 72) 98 06-0
Fax: (0 74 72) 98 06-11

Unser Buchprogramm finden Sie auch im Internet unter:
http://www.kopp-verlag.de

LUC BÜRGIN

Das Wunder Mirin Dajo

Der unverletzbare Prophet und seine paranormalen Kräfte

JOCHEN KOPP VERLAG

Dank

Hunderte von Telefonaten, Dutzende von Interviews, zahlreiche Recherchen in Zeitungsarchiven und mehrere Reisen: Monatelang raubte mir die Story von Mirin Dajo den Schlaf. Unzählige Personen halfen mir in dieser Zeit, eine außergewöhnliche Geschichte zu rekonstruieren – abenteuerlicher als jeder Roman.

Speziell erwähnt seien in diesem Zusammenhang: Claudio De Boni (*Universitätsspital Zürich*), Juno Boillat-Rogenmoser, Daniela Botrugno, Ruth Bührer, Ruth Gremaud, Jan de Groot, Marc de Groot, Hannes und Susanne Gubler, Martha Gubler, Gertrud Hegetschweiler, Anneke Henskes, Cornelis Henskes, Ewald Holzhaus, Hanna Kyramarios-Spindler, Andrü M. Martis, Helene Matei-Wagner, Peter Mulacz, Néné von Muralt, Verena Müller-Beutler, Thomas Neukom (*Staatsarchiv Zürich*), Peter Riesterer (*A. & G. Duttweiler-Nachlaßarchiv*), Silvia Rohner (*Gemeindeverwaltung Mogelsberg*), Gaby Tobler, Lucius Werthmüller, Martijn und Dorin Vincenz, Barbara Wolff (*Albert Einstein Archives, Jewish National and University Library, Hebräische Universität Jerusalem*).

Inhalt

Vorwort

»Lebendig steht das Bild des rätselhaften Mannes vor mir, der kometengleich auftauchte, eine Zeit lang alle Gemüter in Bann hielt und dann ins Reich der Schatten versank, in den Herzen aller, die ihm nahe kamen, eine unverwischbare, leuchtende Spur hinterlassend ...«
(Traugott Egloff, 1949)

Der Mann war ein Wunder. Vor aller Augen ließ er seinen Oberkörper mit einem spitzen Florett durchspießen. Ohne mit der Wimper zu zucken. Ohne Schmerz zu empfinden. Ohne daß ein Tropfen Blut floß. Von hinten. Von vorne. Und von der Seite. Quer durch lebenswichtige Organe. Immer und immer wieder.

Seine Gesichtszüge und seine asketische Lebensweise verliehen ihm das Aussehen eines neuen Messias. Seine Auftritte schockierten die Öffentlichkeit. Und stellten die Mediziner seiner Zeit vor scheinbar unlösbare Rätsel. Sei es, daß er sich mit kochend heißem Wasser übergoß oder für seine Auftritte auch mal auf ein zweischneidiges Schwert zurückgriff: Nichts schien ihn verletzen zu können.

Bereitwillig ließ er seine Prozeduren filmen. Höflich ließ er alle ärztlichen Tests über sich ergehen. Denn Mirin Dajo hatte nichts zu verbergen. Er war kein Fakir, kein Guru und kein Zauberkünstler. Er war eine körperliche Ausnahmeerscheinung, wie sie bis heute nicht mehr vorgekommen ist. Ein medizinisches Rätsel, das jede Menge Fragen aufwirft.

Mit seiner »Friedensmission« in der Tradition eines Mahatma Ghandi rannte der Holländer nach dem Zweiten Weltkrieg offene Türen ein. Seine visionären Worte sprachen vielen aus dem Herzen. Seine Bescheidenheit brachte die Menschen zum Nachdenken – in einer Zeit, in der Armut und Kriegsgreuel Tagesgespräch waren. Und so begann er in der Schweiz einen Siegeszug, der leider viel zu früh endete.

Mirin Dajo wollte der Welt den Krieg ausreden. Er sprach aus, was heute viele verstehen. Doch er scheiterte an der Sensationsgier seiner Bewunderer. Erschöpft vom Rummel um seine Person. Gemieden von der Wissenschaft, die sich auf seine seltsamen Darbietungen keinen Reim machen mochte. Geächtet von der christlichen Kirche, der sein Wirken ein Dorn im Auge war.

Sein unerwartet früher Tod bleibt ein Mysterium. Ein Kriminalfall, wie ihn sich Drehbuchautoren nicht besser aus den Finger saugen könnten. Spektakulär, tragisch – und reichlich obskur. Schockiert mußten seine Schweizer Freunde mit ansehen, wie ein Friedensapostel aus ihrer Mitte gerissen wurde, der ihnen ob seiner Wunder »wie ein zweiter Heiland« vorkam.

So außergewöhnlich Mirin Dajos Unverletzbarkeit anmutet, so seltsam scheint es, daß heute kaum noch ein Wort über ihn verloren wird. Abgesehen von einer Handvoll Zeitungsartikel und einigen Schriften, die seinerzeit in Dajos Namen verbreitet wurden, existiert so gut wie gar nichts Schriftliches über ihn.

Diese Lücke gehört geschlossen. Denn der Fall beweist eindrücklicher als alles anderen, was Willenskraft erreichen kann. Er zeigt, wie fremd uns die Sprache unseres Geistes geworden ist. Und eröffnet uns Perspektiven, die wir zwar erahnen, aber immer noch nicht so recht glauben mögen: Die Kraft zur Heilung steckt in jedem von uns. Der Glaube allein kann Wunder bewirken. Er ist der Schlüssel zu einer anderen Welt.

Mirin Dajos Weitsicht ist es zu danken, daß er sich von namhaften medizinischen Professoren seiner Zeit auf Herz und Nieren prüfen ließ. Über 50 Jahre lang verrotteten ihre Protokolle in den Schubladen der Vergessenheit. Höchste Zeit, den verstaubten Schatz zu heben. Und den letzten noch lebenden Augenzeugen das Wort zu erteilen. Um den tragischen Tod des »Unverletzbaren« aufzurollen. Und das Geheimnis von Mirin Dajo endlich zu lüften.

Luc Bürgin
Basel, 27. Oktober 2003

I.

»Wie ein zweiter Messias!«

Mirin Dajos Wunder, sein Siegeszug und sein Tod

Aufregung im Hörsaal

»Endlich!«

Zürich, 31. Mai 1947. *Corso*-Direktor Hans Hubert ballt die Faust. Nach einigem Hin und Her hatte sich die Leitung der Chirurgischen Abteilung des Zürcher Kantonsspitals bereit erklärt, Mirin Dajo zu empfangen. Auf diesen Moment hatte der Theaterboß wochenlang gewartet.

Ohne Umschweife bugsiert er den verdutzten Holländer mitsamt seinen zwei Begleitern ins Auto und rast mit ihnen ins medizinische Zentrum der Schweizer Bankenstadt. Nach einem schier endlosen Fußmarsch durch die Spitalkorridore erreicht das Grüppchen gegen 16 Uhr ein kleines Auditorium der Polyklinik. Anwesend sind Ärzte vom Dienst, Professoren und Studenten. Sie erwarten wohl eine Art Messerschlucker oder Varieté-Zauberer und tuscheln entsprechend herum.

Nach Rücksprache mit Direktor Professor Alfred Brunner wendet sich Hans Hubert an die Zuschauer auf der Estrade. »Mirin Dajo wird sich nun von seinem Freund ein rund 80 Zentimeter langes und 6 Millimeter dickes Florett durch den Körper stechen lassen«, verkündet er verheißungsvoll – und erntet dafür freundliche Zweifel.

»Wird denn dieses Florett vor der Prozedur auch entsprechend desinfiziert?« will einer der Anwesenden verlegen wissen.

»Nein«, schüttelt Hubert den Kopf. »Das wird absichtlich nicht der Fall sein.«

Dajo steht stumm in der Mitte des Raumes – mit entblößtem Oberkörper. Ehe sich die Zuschauer versehen, tritt sein Assistent hinter ihn und rammt ihm die Waffe mit voller Wucht von hinten durch den Leib, auf Höhe der Niere.

Totenstille. Mit geöffnetem Mund beäugen Studenten und Mediziner den Holländer. Ohne Zweifel: In seinem nackten

Oberkörper steckt ein Florett, das auf der Vorderseite mehr als eine Handbreite herausragt! Noch dazu fließt kein einziger Tropfen Blut. So etwas hatten sie noch nie gesehen.

Dajo durchbricht die Stille – und beginnt mit ruhiger Stimme zu sprechen, samt Waffe im Körper: »Sehen Sie, ich bin unverwundbar, und daß ich unverwundbar bin, weiß ich seit zwei Jahren. Allerdings habe ich schon lange Zeit vorher auf dieses Ziel hin trainiert. Aber vor zwei Jahren bog sich eine allzu elastische Waffe bei einem Lungendurchstich ab und fuhr mir quer durch das Herz. Seither habe ich die absolute Gewißheit, daß ich unverwundbar bin.«

Etwas unsicher ergreift jetzt auch Professor Brunner das Wort: »Herr Dajo, wären Sie wohl so nett, sich einer Röntgenaufnahme zu unterziehen – samt der Waffe?«

Dajo nickt freundlich.

Brunner zögert, überlegt einige Sekunden. »Würden Sie uns bitte zu Fuß ins Röntgenkabinett folgen?«

Der Holländer nickt erneut: »Selbstverständlich.«

Es muß ein merkwürdiger Anblick gewesen sein: Wie ein Geisterzug bewegt sich die Menschengruppe durch die Korridore des Spitals. Vorneweg marschiert Mirin Dajo, mit der Waffe im Leib, dahinter die Professoren und am Schluß die Studenten, die fassungslos miteinander tuscheln. Unter den Augen von entsetzten Krankenschwestern und verdutzten Patienten geht es über mehrere Treppen in den Röntgenraum, wo bereits alles vorbereitet ist.

Der Mann im Röntgenzimmer ist nervös wie noch nie. Mit zittrigen Händen richtet er die Apparaturen ein. Und das Wunder ist perfekt: Die Röntgenaufnahmen belegen, daß die Waffe lebenswichtige Organe durchbohrt hat. Die Ärzte stehen vor einem Rätsel.

Wie oft er sich schon durchstechen ließ, will einer von ihnen wissen. »Hunderte Male«, lächelt Mirin Dajo bescheiden. Sei-

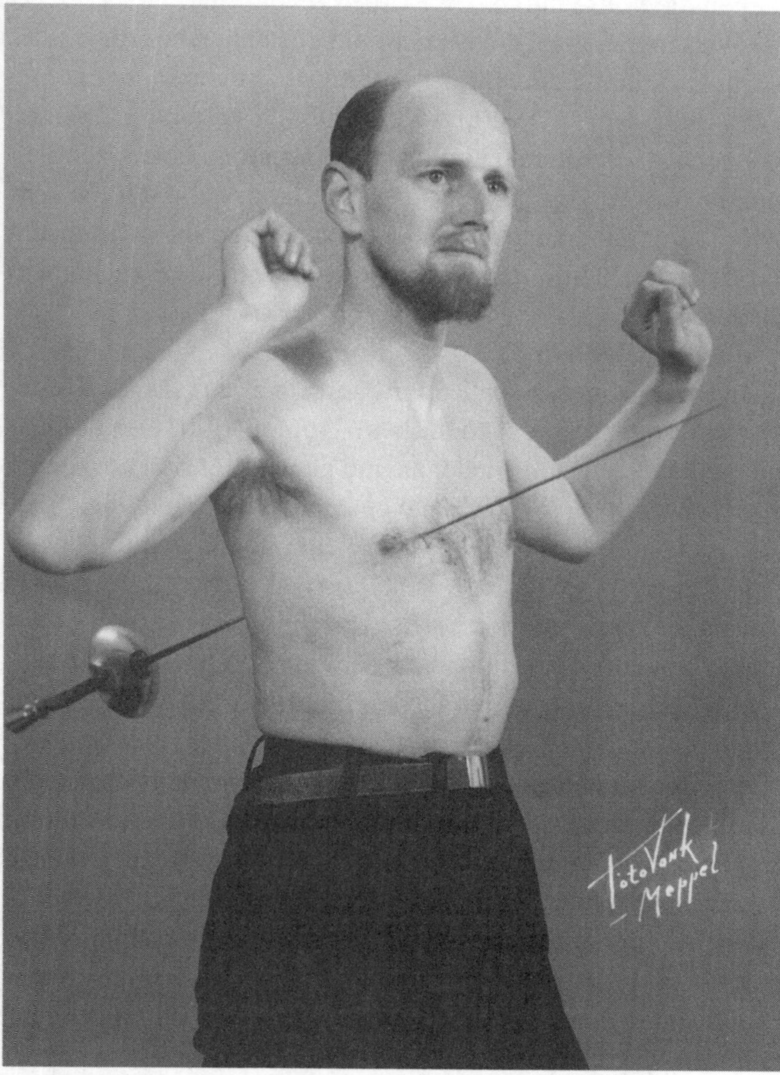

Abb. 1: Mirin Dajo: Autogrammkarte um 1947.

ne beiden Freunde nicken bestätigend. »Macht Ihnen das denn nichts aus?« wird der kleinere von ihnen gefragt, der Dajo soeben die Waffe durch den Körper gebohrt hat.

»Wissen Sie, als ich das erste Mal zustach, riskierte ich das Zuchthaus, und meine Finger zitterten«, antwortet er zögernd. »Weil mich Mirin Dajo und Herr Otter« – er zeigt auf seinen Kollegen – »aber baten und mir alle Garantien boten, schließlich auch, weil kein anderer den Mut fand, habe ich die ›Arbeit‹ übernommen. Heute steche ich ruhig und sicher, es macht mir nichts mehr aus, denn ich habe volles Zutrauen zu meinem Chef.«

Verstört schütteln die Ärzte ihre Köpfe.

Zwanzig Minuten später wird der Spieß aus Dajos Körper herausgezogen. Erneut fließt kein Tropfen Blut. Der Holländer lächelt, zieht sich wieder an und genehmigt sich mit seinen beiden Begleitern in einer nahe gelegenen Bar ein kühles Bier.

In dicken Lettern berichten die Zeitungen in den folgenden Tagen über das »Wunder Mirin Dajo«. Wie die Zürcher Journalisten notieren, wurden bei der Durchbohrung »zweimal das äußere Bauchfell (Peritonaeum parietale), die Niere, der Magen oder Darm und sehr wahrscheinlich die Leber« durchstoßen.

Die Beobachter weiter: »Bei einem normalen Menschen wäre dieser Durchstich vollkommen unmöglich auszuführen. Angenommen, dieser Durchstich durch den Körper würde trotzdem bei einem normalen Menschen gelingen, so würde selbst bei sterilen Instrumenten, trotz sofortiger Penicillin- und Chirurgie-Behandlung unweigerlich der Tod eintreten, infolge einer Bauchfellentzündung, entstanden durch den Anstich des Magen-Darmkanals.«

Doch die Fachleute äußern auch Bedenken, wie die Basler *Nationalzeitung* ergänzend notiert: »Alle medizinischen Autoritäten stehen vor einem Rätsel. Sie können sich das Wunder nicht erklären. Die Ärzte sind indessen voller Bedenken. Wenn auch das Experiment wiederholt gelungen sei, müsse man doch mit einem plötzlichen Zwischenfall und dem Tod des Durchbohrten auf der Bühne rechnen. Und da die Spieße nicht desinfiziert werden, müsse man auch die Gefahr von Vergiftung in Betracht ziehen …«

Schon als Kind ein Phänomen

Wer war Mirin Dajo überhaupt? Ein Hochstapler? Ein Fakir? Ein Guru? Ein Zauberkünstler? Nichts von alledem.

Arnold Gerrit Johannes Henskes – so sein wirklicher Name – kam am 6. August 1912 in Rotterdam als Sohn des Postbeamten Dirk Arnold Willem Henskes und der Pfarrerstochter Cornelia Margaretha Vrijer zur Welt. Als ältester von vier Söhnen wuchs er als ganz normales Kind auf. Nach der Schulzeit erwarb er das Diplom als Reklamezeichner und war bis zum Einmarsch der Deutschen als Graphiker in Rotterdam tätig.

Den Besatzern war der zeichnerisch außerordentlich begabte Holländer ein Dorn im Auge. In Bedrängnis brachte ihn vor allem die Sympathie für seine Cousine – die unvergessene Widerstandskämpferin Hannie Schaft. Das »Mädchen mit dem roten Haar« wurde von den Nazis kurz vor dem Einmarsch der Alliierten erschossen.

Familie Henskes verehrte Hannie – und setzte sich damit immer neuen Gefahren aus. Im Zuge einer Verhaftung zog sich Arnold denn auch schwere Verletzungen zu, die aber bereits nach unglaublich kurzer Zeit verheilten. Schlimmer traf es einen seiner Brüder, der im Konzentrationslager von Dorsten Höllenqualen erdulden mußte.

In diesen Jahren plagten den jungen Holländer zunehmend

Zweifel über seinen Lebensweg. Irgend etwas unterschied ihn von seiner Umwelt. Seit seiner frühesten Kindheit sah er Dinge, die andere nicht sahen. Fühlte mehr als er wußte. Ahnte, was erst noch kommen sollte. Und: Er hatte ein äußerst kurioses Verhältnis zu seinem Körper.

Bereits als zweijähriger Bub stammelte er den Namen seiner Tante in Afrika. »Schlimm«, entfuhr es ihm. »Überall Blut.« Kurz darauf meldete ein Brief die Geburt ihres Babys. Einige Zeit später schockierte er seine Mutter, als sie eines Morgens jede Menge Sicherheitsnadeln in seinem Arm entdeckte. Ohne die geringste Spur von Schmerz hatte er sie sich eigenhändig durch die Haut gespießt. Ein anderes Mal tollte er mit Schulkollegen nackt im Meer. Um ihn zu necken, versteckten ein paar Jungs seine Kleider. »Mirin Dajo erzählte mir, daß er sich damals fürchterlich geschämt hatte, weil er nackt nach Hause laufen mußte«, erinnert sich die Schweizerin Verena Müller-Beutler. »Also betete er und flehte Gott an, ihn unsichtbar zu machen. Als er nun durch die Straßen lief, schien ihn niemand zur Kenntnis zu nehmen.«

1937 verschluckte Arnold, einem inneren Trieb folgend, schließlich eine Handvoll langer Nägel. Im Spital wurden die Fremdkörper operativ entfernt – ohne gesundheitliche Folgen. Ein Experiment, das ihn prägen sollte …

Nach Kriegsende entsagte Arnold, einer inneren Stimme folgend, seinem angestammten Beruf. Mittellos begab er sich nach Amsterdam, wo er anfänglich auf der Straße lebte und manchmal gar im Bahnhof übernachtete. Immer wieder zog es ihn in dieser Zeit in Bibliotheken, wo er seinen immensen Wissensdurst zu stillen hoffte. Und feststellte, daß er offenbar etwas ganz Besonderes war.

Auf der Suche nach sich selbst begegnete er Hylke Otter. Er erhoffte sich von diesem medial veranlagten Naturarzt Hilfe für seine zuckerkranke Mutter. Doch kaum war er zur Türe eingetreten, als ihn Otter ob seiner speziellen Ausstrahlung fassungslos anstarrte: »Oh, was haben wir viel zu besprechen!« entfuhr es ihm, und seine von Natur aus hervorstechenden Augen weiteten sich noch mehr.

Der von der Naturwissenschaft belächelte Heiler bestärkte den 33-Jährigen in seinen »übernatürlichen« Fähigkeiten und führte ihm mit verschiedenen Experimenten seine Unverletzbarkeit vor Augen. Im Januar 1946 präsentierte Arnold Henskes seine wunderbaren Gaben in Zaandam erstmals vor Publikum – unter dem Esperanto-Pseudonym Mirin Dajo, was zu deutsch »Etwas Wunderbares« bedeutet.

Ob Kaffeehäuser oder Nachtclubs: Mirin Dajo war sich von nun an für kein Lokal zu schade, um mit seinen Körperexperimenten auf sich aufmerksam zu machen. Mal ließ er sich von diesem, mal von jenem Kollegen durchstechen. Auch wenn er dabei oft wie eine Jahrmarktsattraktion herumgereicht wurde – samt Fakirkostüm! –, glaubte er doch auf dem richtigen Weg zu sein. Er war anders, und endlich konnte er einen Teil seiner Andersartigkeit ausleben.

Vielen erschienen seine Fähigkeiten indes dubios. Sie vermuteten billige Zaubertricks. Andere zuckten ratlos mit den Achseln: »Wenn Du Dich unbedingt umbringen willst, dann mach halt weiter«, meinten sie und winkten ihm mitleidig zu.

Um seine Experimente aus der rechtlichen Grauzone zu befreien, ließ sich Mirin Dajo im Amsterdamer Hospital freiwillig röntgen – mit der Waffe im Bauch. Zwölf Bilder entstanden auf diese Weise, und sie halfen ihm später, ernst genommen zu werden. Derart ernst, daß er bei der örtlichen Polizei abblitzte, als er um eine öffentliche Auftrittsgenehmigung für seine kuriose Performance nachsuchte.

Der Holländer ahnte, daß er im Ausland mehr erreichen konnte. Umso mehr, als er den Geist des Friedens und der Nächstenliebe der ganzen Welt vermitteln wollte. Grund ge-

Abb. 2: Dajos Mentor: Der Amsterdamer Naturarzt Hylke Otter.

Abb. 3: Vom Mitarbeiter zum Freund: Jan de Groot alias Johnan.

Abb.: 4. Gruppenbild zum Auftakt der Schweizer Tournee.

nung, seine Künste über die Landesgrenzen auszudehnen. Starten sollte seine internationale Tournee auf Einladung des Zürcher Theaterdirektors Hans Hubert in der Schweiz – »im Land des Friedens«, wie er zu sagen pflegte. Ein Bekannter hatte dem Variété-Leiter den kuriosen Holländer wärmstens empfohlen, nachdem er in Amsterdam mit Otter zusammengetroffen war.

Endlich zeichnete sich der Durchbruch ab!

Begleitet wurde Dajo neben Otter von seinem Landsgenossen und neuen Assistenten Jan de Groot. Unter dem geistigen Namen »Johnan« sollte der damals 33-Jährige bei allen öffentlichen Auftritten für die Körperdurchstiche verantwortlich zeichnen – wie zuletzt in Holland.

Premiere im Corso-Palais

Zürich, 3. Juni 1947. Hans Hubert reibt sich freudig die Hände. An diesem Abend startet auf seiner Zürcher Variété-Bühne ein neues Programm – mit Mirin Dajo als Hauptattraktion. Auftritte von Conférencier Joseph Baar, der Tänzerin La Marqueez, dem Jongleur Roberto Chiesa und weiterer Künstler sollen die wagemutige Darbietung auflockern.

Die medizinische Untersuchung im Vorfeld der Veranstaltung sichert Hubert gegen den Vorwurf ab, seine Zuschauer an der Nase herumzuführen. Also setzt er zu Werbezwecken eine hohe Belohnung aus »für denjenigen, der die Vorführung als Täuschung des Publikums beweisen kann«. Weiter bittet er nervenschwache Personen, der Veranstaltung fernzubleiben. Und streut eifrig Inserate in lokalen Tageszeitungen. In fetten Lettern preisen diese Dajo als »größte Sensation der Gegenwart« an.

Die Werbung zeigt Wirkung: Das Publikum strömt in Scha-

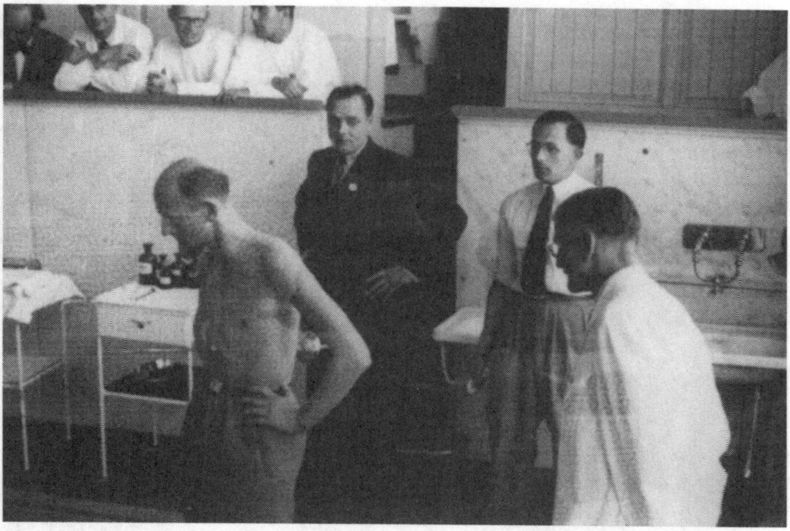

Abb. 5: Durchstechung im Spital von Zürich.

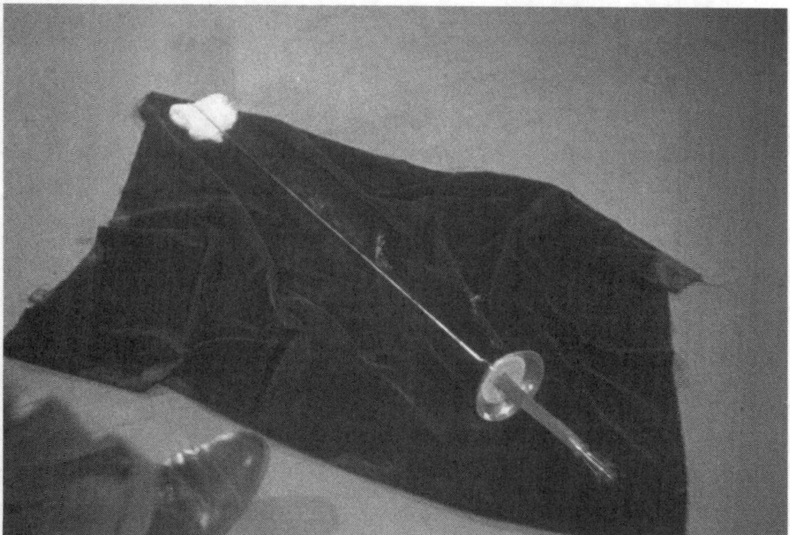

Abb. 6: Mit diesem Florett ließ sich Mirin Dajo jeweils durchbohren.

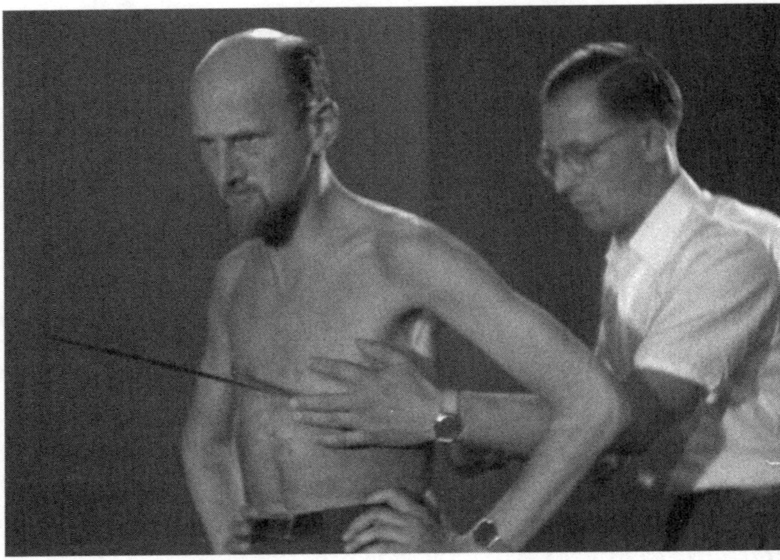

Abb. 7: Durchstechung auf Herzhöhe im Juli 1947.

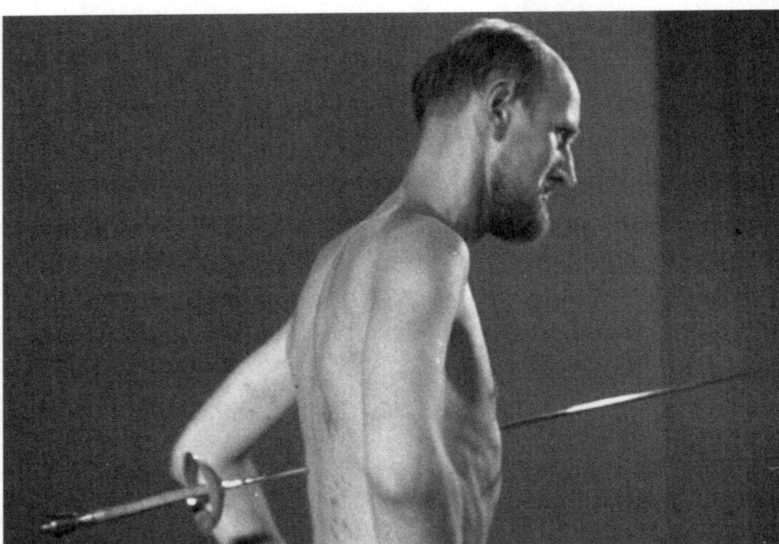

Abb. 8: Die Waffe ging quer durch alle Organe.

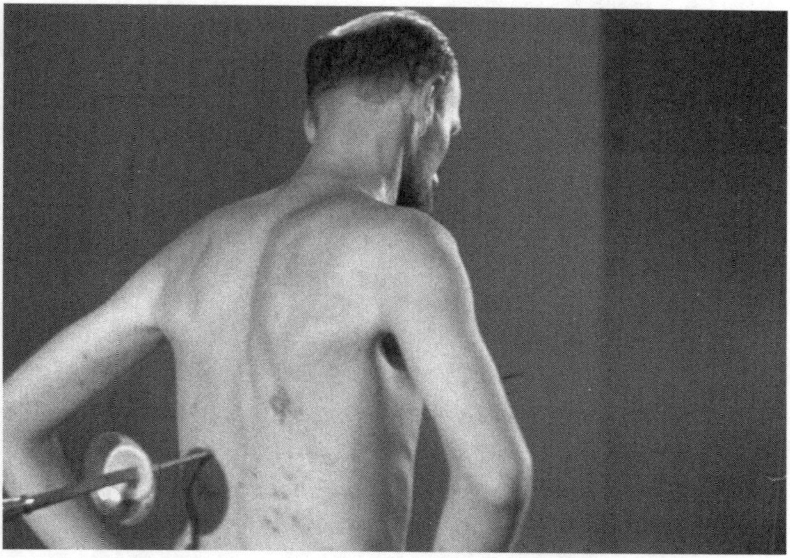

Abb. 9: Narben ohne Ende: Deutlich sind die Spuren am Rücken zu erkennen.

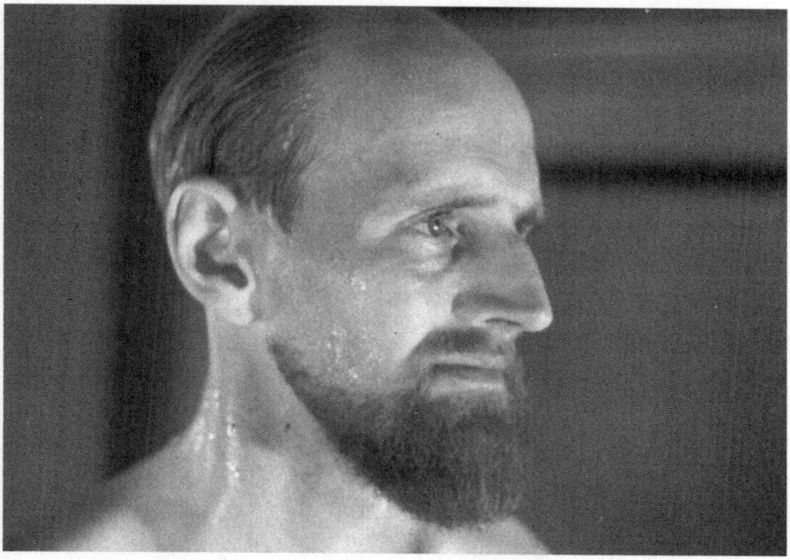

Abb. 10: Konzentrierter Blick – Dajo während der Durchstechung.

ren ins Theater. Und wird Zeuge, wie Dajo alle Register seines Könnens zieht. Stoisch läßt er sich von Johnan mit einem ellenlangen Stilett die Oberarmmuskeln durchstechen. Dann wird ihm in der Lendengegend – wie bereits vor den Zürcher Ärzten – ein rund sieben Millimeter dickes Florett durch Rükken und Bauch gespießt. Erneut fließt kein Tropfen Blut. Eine schockierte Besucherin kreischt entsetzt auf – und fällt in Ohnmacht.

Die Waffen werden wieder entfernt. Doch der Clou folgt erst jetzt. Denn Dajo weiß um die Skepsis seiner Zuschauer. Also läßt er sich erneut durchspießen. Mit drei hohlen Floretten, an deren Griffen Schläuche angebracht sind. Die Spitzen der Waffen werden aufgeschraubt. Eine Pumpe leitet Wasser durch die Rohre, so daß es auf Brustseite herausspritzt.

Mit unbeweglicher Miene beobachtet Dajo das kuriose Schauspiel. Ein lebender Brunnen! Das Publikum tobt …

Auftrittsverbot!

Zürich steht Kopf: Abend für Abend ergötzen sich Hunderte von Besuchern an Dajos Künsten. Der Mann mit den blauen Augen, dem beigefarbigen Anzug und der lila Schleife ist Tagesgespräch. Ob im Hotel, auf der Straße oder im Café: Überall werden er und seine Freunde in der Folge angesprochen. Neugier, Bewunderung, aber auch Skepsis schlägt ihnen entgegen. Dutzende von Briefen und Telefonanrufen erreichen den Holländer. Manche interessieren sich für seine religiös motivierte »Mission«, andere bitten um ein Autogramm, während dritte vertiefte Ausführungen über seine »Kraft« erbitten und sich Hoffnung auf Heilung machen.

Nach einer Woche dann der Schock: Die Zürcher Polizeidirektor verbietet Dajo alle weiteren Auftritte. Grund dafür war

Abb. 11: »Lebender Brunnen«: Schauspiel im Zürcher Corso-Theater.

ein Malheur am Samstag, dem 7. Juni: Beim Durchbohren mit dem Florett hatte sich die Waffe versehentlich in einem Rippenknorpel verbohrt. Ob des unerwarteten Drucks war der Holländer in die Knie gesunken, während der Kulissenschieber entsetzt den Vorhang zog. Dajo blieb die Ruhe selbst. »Zieh es raus«, hieß er seinen Assistenten mit sanfter Stimme – um sich den schockierten Zuschauern kurz darauf erneut zu präsentieren: quicklebendig.

Für die Zürcher Behörden ein gefundenes Fressen. Endlich haben sie einen Grund, den immer lauter werdenden Bedenken der Ärzteschaft nachzukommen und dem obskuren Spektakel einen Riegel vorzuschieben. Umso mehr, als in der Stadt bereits die wildesten Gerüchte kursieren: »Mirin Dajo ist tot!« tuscheln die einen. »Die Polizei hat seine Begleiter verhaftet!« ergänzen die anderen. Die Telefondrähte im *Corso-Palais* glühen. Alle heischen weitere Details, darunter auch ein Reporter des amerikanischen Magazins *Life*.

Theaterdirektor Hans Hubert glaubt seinen Ohren nicht. Hastig läßt er unter den Journalisten eine klärende Mitteilung verteilen: »Mirin Dajo hat selbst den Wunsch geäußert, seine Leistungen im Variété zu zeigen. Wir konnten uns in Holland persönlich überzeugen, daß die Experimente, die er nach seinen Aussagen seit langer Zeit an sich vornahm, keine sichtbaren körperlichen Schädigungen verursacht haben. Das Auftreten Mirin Dajos im Zürcher *Corso-Palais* erfolgt aufgrund einer von der Kantonspolizei gegebenen schriftlichen Bewilligung. Diese Bewilligung wurde erteilt nach genauer Beschreibung der Experimente, welche Mirin Dajo vorzuführen beabsichtigte.

Die Reaktion des Publikums sowie der Kunstfehler, der sich in der Vorstellung vom letzten Samstag ereignete, und die daraus resultierenden Erfahrungen haben jedoch die Direktion des *Corso-Palais* veranlaßt, das im Gegensatz zu der seinerzeit erteilten Bewilligung nachträglich ausgesprochene Verbot ohne Protest anzunehmen und Mirin Dajo vom Programm abzusetzen.«

Rasierklingen und Scherben zum Tee

Ähnliche Probleme hatte Dajo bereits ein Jahr zuvor – während seinen Auftritten in Holland. So mußten seine Amsterdamer Zuschauer am 6. Juni 1946 per LKW kurzfristig in ein Geschäft chauffiert werden, weil die Polizei seinen Auftritt in einem öffentlichen Gebäude in letzter Minute unterbunden hatte.

»Ärzte, Journalisten und Pressefotografen scharten sich um den Mann, der – ohne irgendeine Verletzung zu zeigen – Glühbirnenglas und Rasierklingen kaute und verschluckte«, schwärmte ein Zeitungsreporter wenige Tage später. »Anschließend wurde dem Mann ein Degen durch die rechte Brust gestochen. Ein Amsterdamer Arzt, der sich nicht zum Narren halten lassen wollte und eine sorgfältige Untersuchung vornahm, mußte feststellen, daß die Lungen auf beiden Seiten perforiert waren.

Obendrein ließ der Impresario Wasser durch den hohlen Degen sprühen, nachdem er die Spitze durch einen kleinen Brausekopf ersetzt hatte. Das vollständige Durchstechen von Lunge, Wangen und Armen, wieder ohne jegliche Blutungen – in Wangen und Lippen blieb nicht einmal die geringste Verletzungsspur zurück – stellte die Ärzte vor ein Rätsel. Umso mehr, als auch die Leber durchbohrt wurde.«

Wenige Tage zuvor – am 31. Mai 1946 – hatte der Holländer seine Künste an einer privaten Feier feilgeboten. »Mein 17jähriger Bruder durfte die Klinge führen«, erinnert sich Dajo-Kenner Ewald Holzhaus aus Holland. »Wir Kinder waren damals noch zu jung, um der Durchstechung beizuwohnen – man schickte uns nach draußen.« Dajo war damals öfter bei seiner Familie zu Gast. Holzhaus: »Meine kleinen Brüder und ich machten uns einen Spaß daraus, ihm Glasscherben und Rasierklingen zum Tee zu offerieren, die er freundlicherweise verschluckte – nur um uns eine Freude zu machen.«

Am 24. Juni 1946 berichtete die Zeitung *Muziek* über weitere inoffizielle Auftritte, bei denen sich Dajo auch durch die Zunge stechen ließ. Wie immer ohne Folgen. Doch die Zeitungsreporter zeigten sich zunehmend besorgt: »Es kann nicht angehen, daß ein Mann, der über derartige Fähigkeiten verfügt, sich selbst zu einer Sensationsnummer erniedrigt, umso mehr, als Henskes in einem offenen Gespräch mit einer Reihe von Journalisten erklärte, daß seine Experimente und Demonstrationen ein hohes Ziel haben, nämlich dem materialistischen Mensch die Einsicht in die Überlegenheit des Geistes über den Stoff zu vermitteln.

Es ist klar, daß sich aus Henskes eine erstklassige Sensationsnummer machen ließe, die vor allem im Ausland großen Erfolg haben könnte. Das wissen seine Begleiter sehr gut, und sie haben denn auch eher ihr eigenes finanzielles Wohlergehen im Auge als das Interesse von Henskes selbst. Sie werden sich somit kaum dazu bewegen lassen, ihre Pläne aufzugeben.

Dadurch, daß Henskes seiner Berufung folgt – und an seiner Integrität zweifeln wir keineswegs – kann er seinen Beruf als Reklamezeichner nicht mehr ausüben, und er wird, um sein Brot zu verdienen, in die Richtung des Variétés gedrängt. Es ist jedoch zu hoffen, daß die Wissenschaft der Medizin einen ausreichend weiten Blick hat, Henskes' Fall einer tiefergehenden Untersuchung zu unterziehen, und ihn damit auf die eine oder andere Weise in die Lage versetzt, der erniedrigenden Artisten-Existenz zu entgehen.«

Dajo wendet sich an die Öffentlichkeit

Zürich, 11. Juni 1947: Mirin Dajo versucht der Zürcher Verfügung das Beste abzugewinnen. »Gestern bin ich verboten worden«, schreibt er seinen Eltern. Grundsätzlich gesehen kommt ihm die polizeiliche Intervention sogar gelegen. Seine innere Stimme hieß ihn, den Tingeltangel-Bühnen endgültig zu entsagen. Nun stemmte sich auch sein Körper dagegen. Das Verbot läßt ihm keine andere Wahl, als endlich auszusprechen, wofür er immer mehr Worte findet: seine Friedensmission.

Und so tritt der Holländer auf Drängen von *Corso*-Direktor Hans Hubert erneut in Zürich auf. Allerdings nur mit Vorträgen, in denen er den Besuchern in unterhaltsamer Form seine Lebensphilosophie erläutert und Fragen aller Art beantwortet.

»Alles, was ich hier zu sagen habe, kann ich nur von Herz zu Herz sagen«, beginnt er mit sanfter, pastoraler Stimme. »Und ich spreche zu allen Menschen, die meine Botschaft hören wollen. Wohl kam ich wie ein Wunder, aber ich bin es nicht. Man stellt mich auf der Bühne als Wunder vor, und man macht eine Sensation aus mir. Ich habe meine Unverletzbarkeit ohne mein Dazutun bekommen. Ich war wohl schon als Kind unverletzlich, aber mir dessen nicht bewußt. Jeder von Ihnen verfügt über besondere Eigenschaften, ohne sich dessen bewußt zu sein.

Vor zwei Jahren machte ich die Bekanntschaft von Herrn Otter, der als Naturarzt tätig ist und schon viele Blinde und Lahme geheilt hat. Ich kam mit meiner Mutter zu ihm, die sehr krank war, und sogleich sagte mir Herr Otter, daß ich unverletzlich sei. Wir unternahmen einige Proben, zu denen die Durchstechung des Körpers noch nicht gehörte. Ich empfand bei all diesen Versuchen nie ein Gefühl der Angst, weil ich ein restloses Vertrauen zu Gott habe.

Ich habe in Zürich davon gehört, man glaube an gewissen

Orten, ich werde ausgenutzt und ausgebeutet, das ist aber nicht wahr. Ich stand hier, um der Menschheit etwas zu zeigen, und wenn ich dazu schwieg, habe ich trotzdem etwas erzählt. Viele Leute fragten nach dem Ziel meiner Demonstration, und zahlreiche Briefe erreichten mich. Ich freue mich über dieses Interesse, denn jeder von Ihnen hat ein Ziel vor sich und ist imstande, es zu erreichen, wenn er vollständig daran glaubt und sich vollkommen offen der Inspiration Gottes stellt. Durch den absoluten Glauben erhält er von Gott die Kraft dazu.

Es ist meine Aufgabe, den Menschen die Kraft des Geistes zu zeigen. Die Demonstration dieser Kraft ist kein Wunder für Gott und die Gläubigen, nur für jene, welche diesem Glauben fremd gegenüberstehen. Alles, was von Gott kommt, ist normal und natürlich.

Daß es solche gab, die sich vom Gedanken an die Sensation abwandten und versuchten, tiefer zu denken, ist mein Sieg. Jeder von Ihnen sucht nach einem Licht. Die Menschheit lebt in einer Finsternis, und es herrschen das Mißtrauen und die Ratlosigkeit. Weil man nicht an den ewigen Frieden glaubt, bekommt man auch keinen. Und dabei ist alles erfüllbar, wofür man auch aufnahmefähig ist.«

Flucht in den Wald

Mittlerweile wendet Dajo bereits drei bis fünf Stunden pro Tag auf, um Besucher zu empfangen. Darunter viele lokale Prominente wie etwa den Schweizer »Friedensapostel« Max Daetwyler, die Schriftstellerin Rösy von Känel oder den Leiter der Zürcher Esperanto-Bewegung. Viele beehren ihn mit kleinen Geschenken. Die meisten aber »erhoffen sich Hilfe und Heilung von uns«, wie Dajo Mitte Juni 1947 an seine Eltern schreibt.

Alle paar Tage erstattet er ihnen liebevoll Bericht. Es werde wohl noch einige Zeit dauern, bis er wieder nach Holland zurückkehren könne, bedauert er. Mit einfühlsamen Worten tröstet er Vater und Mutter über die Distanz hinweg, verspricht finanzielle Hilfe und spricht seinen vom Krieg gebeutelten Verwandten Mut zu – mitten aus dem Paradies: »Ob Früchte, Kleider oder Uhren aller Art: Man kann hier alles bekommen, aber es ist alles sehr teuer.«

Corso-Direktor Hans Hubert schmiedet derweil eifrig Tournee-Pläne und organisiert weitere Veranstaltungen – »auch wenn er uns mehr Freund als Geschäftsmann ist«, wie Dajo feststellt. Vorläufig bezahlt Hubert ihre Hotelrechnungen. »Doch bald wird sich unsere finanzielle Situationen bessern«, verspricht Dajo seinen Eltern. Und dann könne er auch den von seiner Familie so sehr geschätzten Esperantisten unter die Arme greifen, fügt er in einen weiteren Schreiben an.

Tag für Tag zieht der Rummel um den »Unverletzbaren« größere Kreise. »Viele Kranke, ja selbst Todgeweihte kommen«, meldet Dajo am 23. Juni zwischen Vorträgen und Interviews überwältigt Richtung Heimat. »Zum Glück betreut Hylke Otter einen Großteil von ihnen – so daß ich endlich wieder etwas Ruhe finde für meine eigentliche Friedensmission.«

Immer seltener gelingt es ihm, zu meditieren und sich auf sein Innerstes zu konzentrieren. Und so »flüchten« Dajo und Johnan Mitte Juli schließlich in die Abgeschiedenheit der Zürcher Hügellandschaft, wo sie ob der brütenden Sommerhitze für einige Tage im Wald campieren. In seiner Hängematte frönt Dajo dort seiner Arbeit und beginnt mit der Abfassung einer Informationsbroschüre, die später öffentlich verteilt werden soll. Dazwischen meditiert er. Kein Geräusch trübt das Gezwitscher der Vögel, keine Menschenseele das Rascheln der Blätter – bis auf ein paar wenige Freunde, die den beiden ab und an einen Stapel Briefe und etwas Essen bringen.

Entspannt schweift Dajo in Gedanken ab. Und läßt innerlich Revue passieren, wie er mit Johnan ab 1946 in Holland unter äußerst bescheidenen Bedingungen »trainiert« hatte. Alle paar Tage lauschte er damals seiner inneren Stimme, die ihn zu immer gewagteren Experimenten anspornte. In regelrechten Dialogen forderte sie ihn auf, seinen Körper mit heißem Wasser zu übergießen. Johnan vollstreckte, was ihm sein Meister befahl, und verbrannte sich dabei die Hände – im Gegensatz zu Mirin Dajo, dessen Haut sich trotz der Tortur nicht einmal rötete.

Dann drängte ihn seine Stimme zu einer Durchstechung mit rotglühender Klinge. Johnan stapfte zum Ofen, erhitzte die Waffe und bohrte sie ihm tapfer in den Magen. Später wollte Dajo die Klinge gar vergiftet wissen. Also präparierte sie sein Assistent mit Kupfersulfat und stach erneut zu. Mehrmals hintereinander. Nichts, aber auch gar nichts, schien den »Unverletzbaren« in Bedrängnis zu bringen. Jeder Stich hatte ihn der Menschheit ein Stückchen mehr entrückt – und der Schweiz ein Stückchen näher gebracht.

Das Summen eines Insektes reißt Dajos aus den Gedanken. Sein Blick verirrt sich in den Zürcher Baumkronen. Das Rauschen der Wipfel ist Balsam für seine Seele. Er atmet die Waldluft. Wiegt sich in seiner Hängematte in Trance. Spricht mit Gott. Tankt Kraft. Und lauscht der Antwort des Universums.

Doch die idyllische Ruhe währt nicht lange. Weitere Besprechungen in Sachen Fremdenpolizei sowie die kommende Vortragstournee stünden auf dem Programm, läßt Hylke Otter seinen Freunden aus Zürich ausrichten – und pfeift die beiden in die Hektik des Alltags zurück.

Corso-Direktor Hans Hubert drückt den »Rückkehrern« erleichtert eine Liste in die Hand: Nicht weniger als 40 Städte und Dörfer gilt es in den kommenden Wochen abzuklappern.

Starten soll die Vortragstournee am 26. Juli 1947 in Romanshorn. Von dort geht es weiter nach Arbon, Frauenfeld, Amriswil, Weinfelden, Kreuzlingen, St. Gallen und zahlreiche andere Ortschaften.

Dajos blaue Augen leuchten. Die Dinge nehmen ihren Lauf. Weitaus schneller, als er ursprünglich gehofft hatte. Und so spricht er bald hier und bald dort. Ob bei den Mitarbeitern des berühmten Müsli-Erfinders Maximilian Bircher-Benner, im *Casino Winterthur* oder auf öffentlichen Dorfweiden: Überall weiß der Holländer zu verblüffen und zu begeistern. Jeden Tag predigt er von Neuem seine Botschaft. Die Botschaft vom Triumph des Geistes über den Körper. Die Botschaft des Friedens. Die Botschaft des Herzens. »Viele Kranke haben schon Heilung und Hilfe gefunden«, rapportiert er Wochen später an seine Eltern. Und schickt ihnen Nylonstrümpfe und Dörrfrüchte.

Aufbruch nach Basel

Auch am Rheinknie sind die Wundertaten des Holländers Gesprächsthema. Und so begeben sich Dajo, Johnan und Hylke Otter im September 1947 nach Basel – der Stadt mit dem berühmten Bürgerspital, das auf den »Unverletzbaren« wie alle Krankenhäuser eine fast schon magische Anziehung ausübt.

Weitere Vorträge werden organisiert, Termine vereinbart. Immer dabei: Sekretär Edmund Lüscher, der später in die USA emigriert. Nach einer Zusammenkunft hatte er Mirin Dajo spontan seine Hilfe angeboten. Nun beantwortet der Zürcher im Auftrag der drei Holländer ehrenamtlich Briefe aus aller Welt.

Auf Dajos Geheiß werden die Ereignisse mittlerweile von

professionellen Kamerateams festgehalten. Bereits am 4. Juli 1947 hatte er sich in Zürich bei einer Durchstechung auf Herzhöhe filmen lassen und Gefallen am Medium gefunden. Auch die Vorgänge in Basel sollen der Nachwelt nun erhalten bleiben. Möglich macht die teuren 35-Millimeter-Aufnahmen ein Schweizer Geschäftsmann. Aus Sympathie für die drei Holländer läßt er 30 000 Franken springen, um das »Wunder« zu filmen.

Das Winterthurer Ehepaar Walter und Ruth Bührer beteiligt sich ebenfalls an den Kosten. Sie hatten die Holländer über eine spirituell interessierte Bekannte kennengelernt. Auf ihr Drängen unterstützen sie Dajo nach Kräften und kutschieren ihn während seiner Zeit in der Schweiz oft von einem Termin zum anderen, da sie ein Auto besitzen. Damals keine Selbstverständlichkeit.

Dajo und seine Freunde wissen die Hilfe zu schätzen. Viel Geld verdienen sie in jener Zeit schließlich nicht. Und was sie einnehmen, leiten sie oft an ihre Familien in Holland weiter. Immer wieder lassen ihnen Freunde und Anhänger deshalb einen »Zustupf« zukommen. Obwohl kaum einem entgeht, wie verschwenderisch Otter und de Groot mit den Mitteln haushalten …

Dajo nimmt es gelassen. Mit Geld kann er sowieso nicht viel anfangen. Was er einnimmt, leitet er an seine Eltern weiter, um ihre materiellen Sorgen zu lindern. Er selber trägt oft nur ein paar Rappen bei sich. Solange es für das Allernötigste reicht, macht er sich keine Gedanken. Selbst das Auftrittsangebot eines amerikanischen Zirkus über eine Million US-Dollar schlägt er aus. »Dafür habe ich meine Gabe nicht erhalten«, kommentiert er trocken – und das Thema ist vom Tisch. Auch ein Auftritt im Ufa-Film *Zyankali* lehnt er ab, aus ähnlichen Gründen.

Dajos Bescheidenheit ist ehrlich und entspricht seinem We-

Abb. 12: Ankunft am Centralbahnplatz in Basel.

Abb. 13: Jede Menge Termine: Dajo instruiert seine Begleiter.

Abb. 14: Sekretär Edmund Lüscher (l.) begrüßt die Holländer in Basel.

Abb. 15: Auch der Hoteldirektor (l.) heißt die Gäste willkommen.

sen. Sie verblüfft besonders die gutsituierten Basler, die bis heute für ihren Geiz bekannt sind. Umso großzügiger zeigen sich einige von ihnen als Mäzene. Die sind in der Stadt am Rhein spendabler als sonst wo – ein Widerspruch, der in Basel nach wie vor Tradition hat. So führen die drei Holländer zwar kein Luxusleben – aber hungern müssen sie während ihrer Zeit in der Schweiz nie.

Hinzu kommt, daß dem Kreis der *Freunde Mirin Dajos* nach wenigen Monaten bereits über 1000 Mitglieder angehören – »in der Hauptsache weibliche«, wie der *Spiegel* damals in seiner bekannt zynischen Art kommentiert. »Die Zugehörigkeit zu dem Verein ist wie üblich mit Mitgliedsbeiträgen verbunden, und die mit Franken gefüllte Kasse ist in der Lage, die Spesen Mirin Dajos zu zahlen. Die Mitglieder blicken gläubig zu Mirin Dajo auf, der sich nun vom Artisten zum Propheten gewandelt hat.«

Verblüffung im Bürgerspital

Will man Wissenschaftler von Wundern überzeugen, müssen sie jederzeit reproduzierbar sein. Da nützte es auch nichts, daß Dajo sein Können einige Monate zuvor bereits vor der Zürcher Ärzteschaft unter Beweis gestellt hatte: Auch im Basler Bürgerspital will man den »Unverletzbaren« untersuchen. Für Dajo eine ideale Gelegenheit, seine Performance vor den Augen der Mediziner ein weiteres Mal auf Zelluloid zu bannen. Im Gegensatz zu Zürich läßt er sich diesmal seitlich durchstechen.

Für die wissenschaftliche Untersuchung am 15. September 1947 zeichnen erneut namhafte Mediziner verantwortlich. Die Professoren Max Lüdin, Hans Staub und Rudolf Massini leiten die Tests. Dr. Erik Undritz erstellt den Rapport über die Blutuntersuchung. Professor Massini führt die elektro-

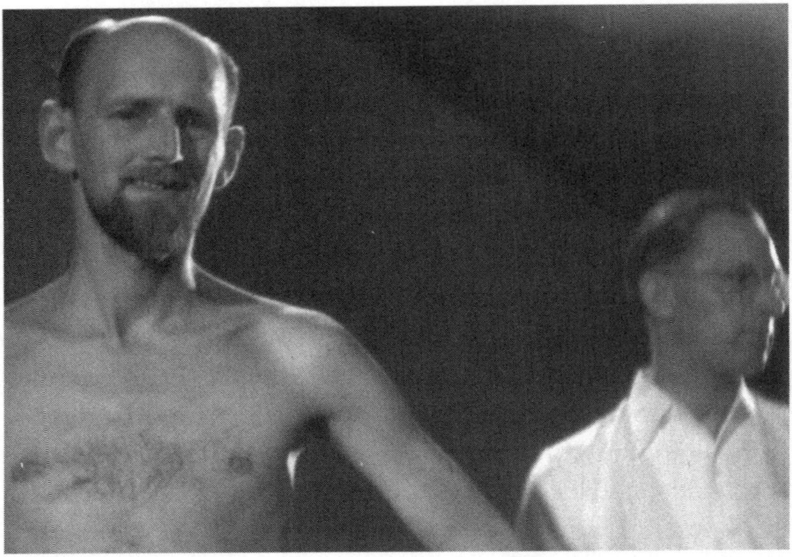

Abb. 16: Kurz vor Drehbeginn: Dajo flachst mit einem Mitarbeiter.

kardiographischen Untersuchungen über die Herztätigkeit vor, während und nach der Demonstration durch. Professor Lüdin widmet sich dem Studium der Röntgenbilder, die während der Durchstechungen gemacht werden. Alles wird minutiös gefilmt – unter dem kritischen Blick von Dr. Nikolaus Kaufmann, einem Experten für Dokumentaraufnahmen und Röntgenfilme der UFA.

Johnan schreitet zur Tat – und sticht mit unbewegter Miene zu. Auch die Basler Mediziner schütteln fassungslos die Köpfe. Mißtrauisch betasten sie die spitze Klinge. Was sie mit eigenen Augen sehen und mit ihren Geräten messen, ist mehr als erstaunlich. Man beschließt, die Kollegen zu informieren, die sich im *Bernoullianum* gerade zu einem einwöchigen Fachkongreß versammelt haben.

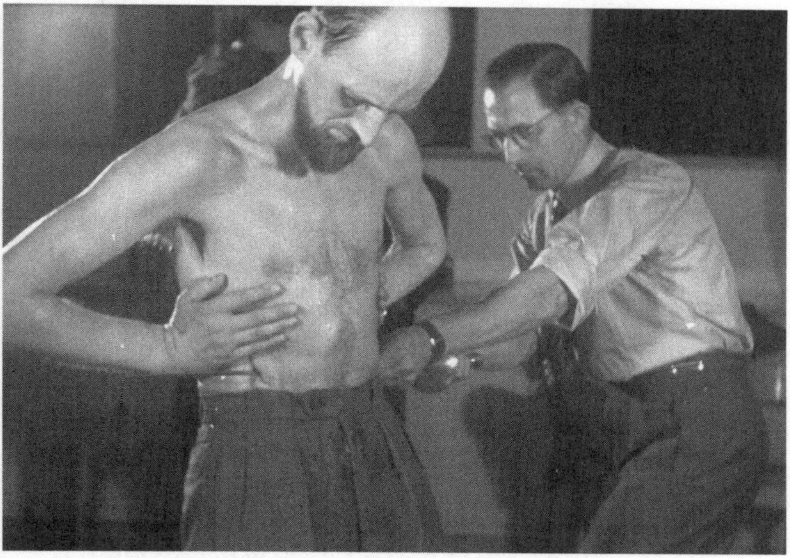

Abb. 17: Durchstechung im Basler Bürgerspital.

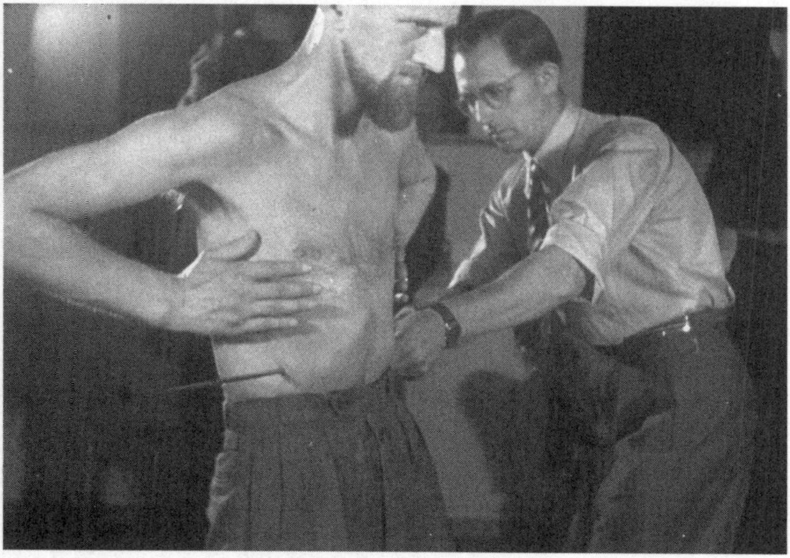

Abb. 18: Diesmal stößt Johnan die Klinge seitlich durch den Körper.

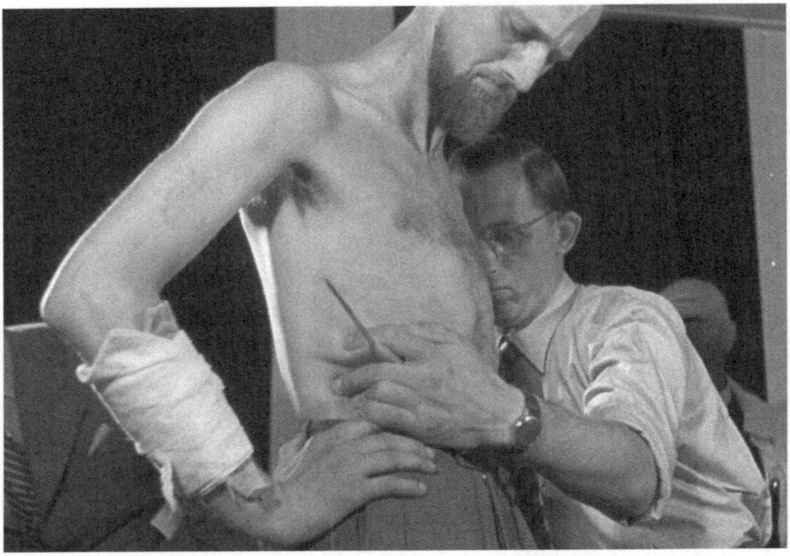

Abb. 19: Stück für Stück kommt die Waffenspitze zum Vorschein.

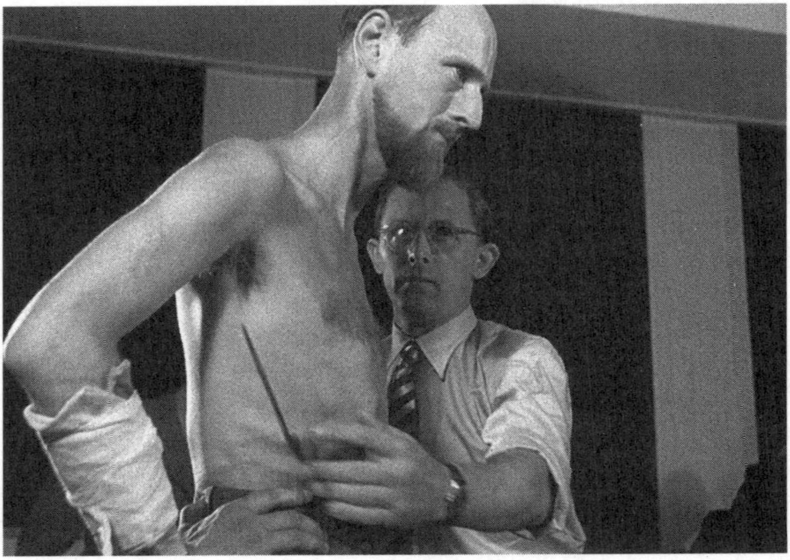

Abb. 20: Erneut durchbohrt die Klinge etliche Organe.

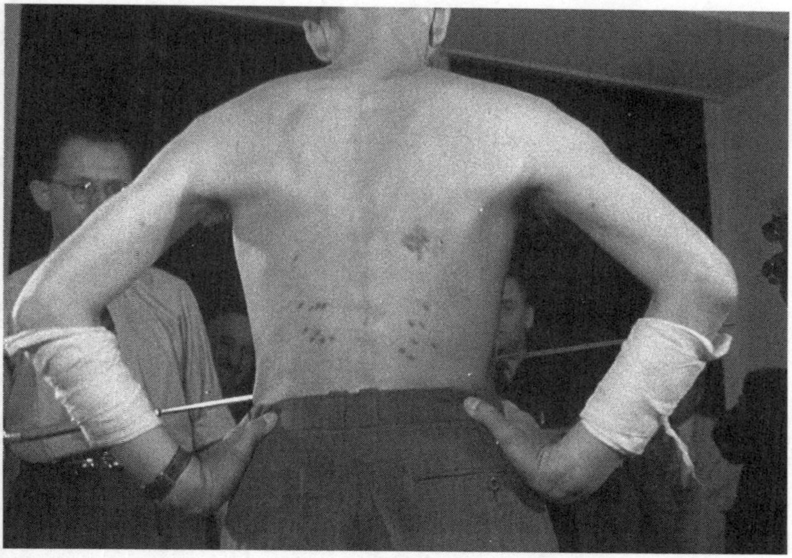

Abb. 21: Keine Schmerzen, keine Infektion, kein Tropfen Blut.

Abb. 22: Professor Rudolf Massini traut seinen Augen nicht.

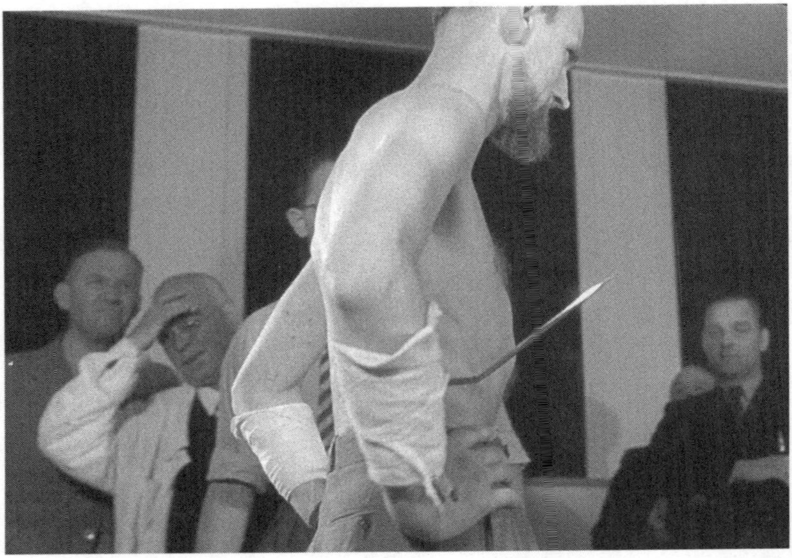

Abb. 23: Mirin Dajo dreht sich nach allen Seiten – mit dem Florett im Körper.

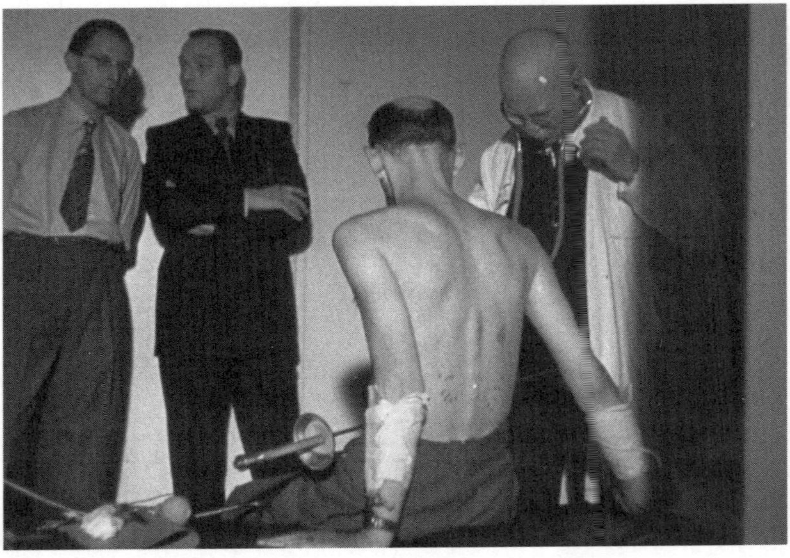

Abb. 24: Schockiert zückt Professor Massini sein Stethoskop.

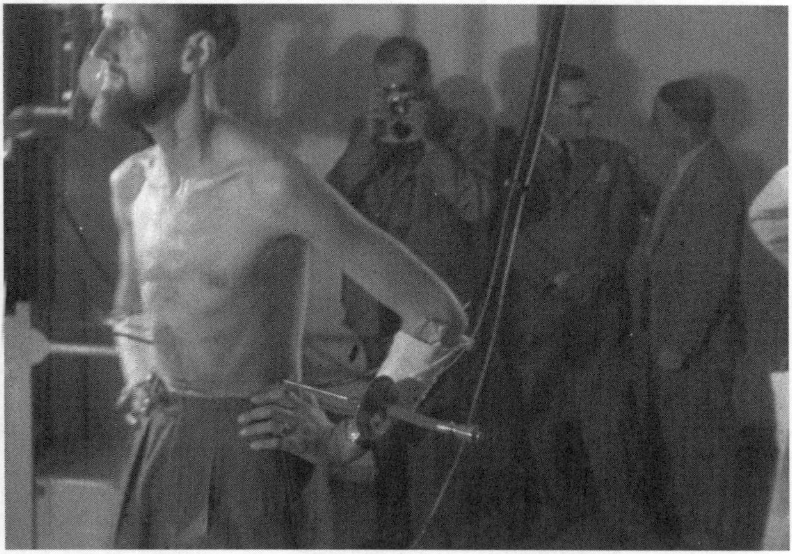

Abb. 25: Journalisten und Ärzte mögen sich kaum satt sehen.

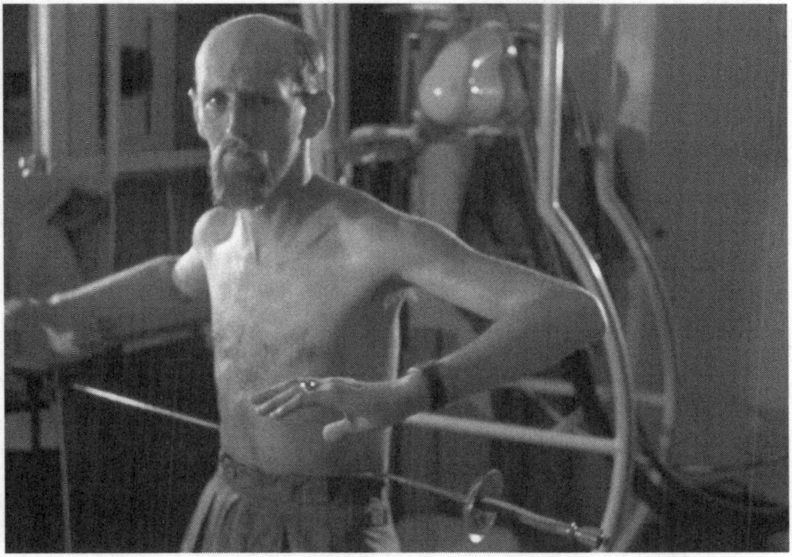

Abb. 26: Weit über eine halbe Stunde bleibt die Klinge im Körper.

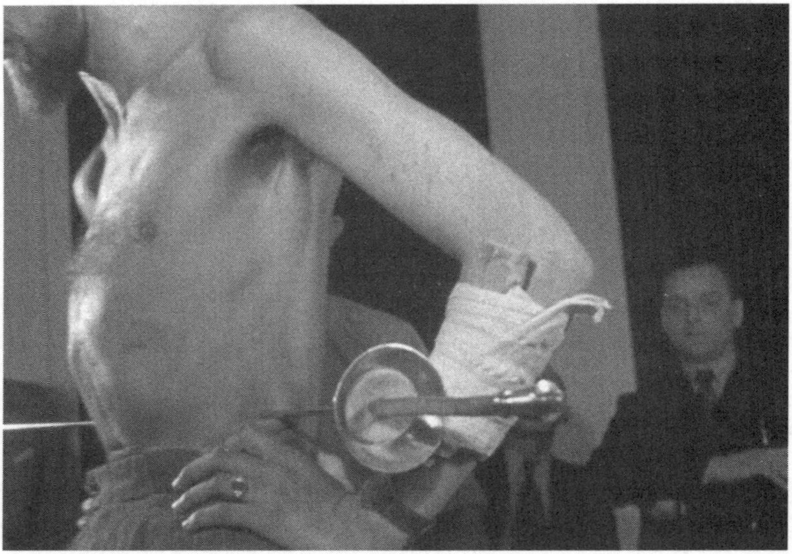

Abb. 27: Regungslos läßt sich der Holländer bewundern.

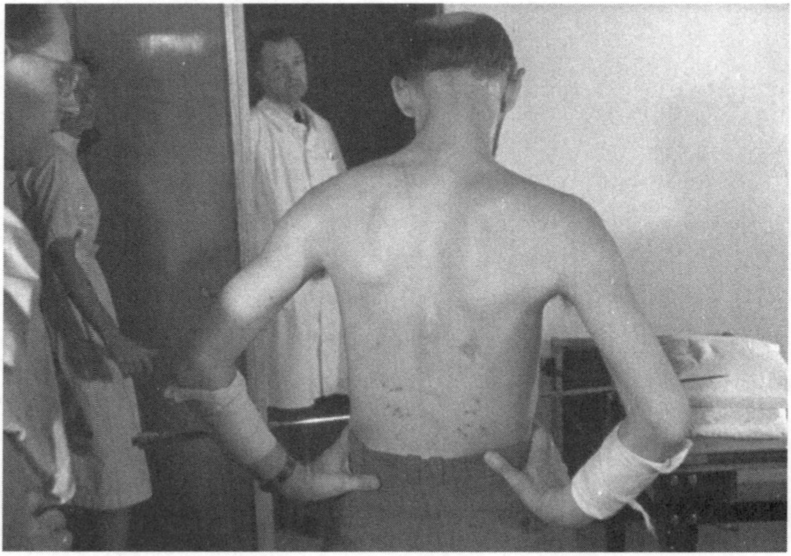

Abb. 28: Weitere Untersuchungen stehen auf dem Plan.

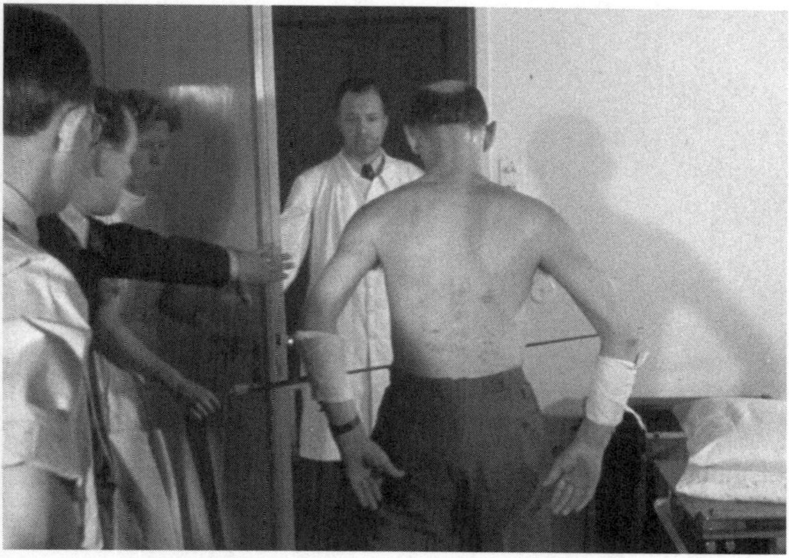

Abb. 29: Immer noch im Bürgerspital: Dajo stolziert in den Röntgenraum.

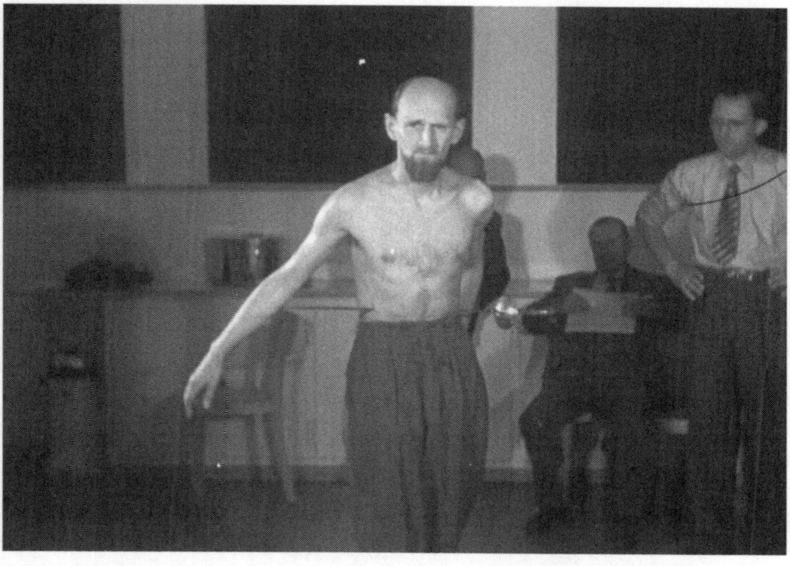

Abb. 30: Helfer Johnan (rechts) begutachtet sein »Werk«.

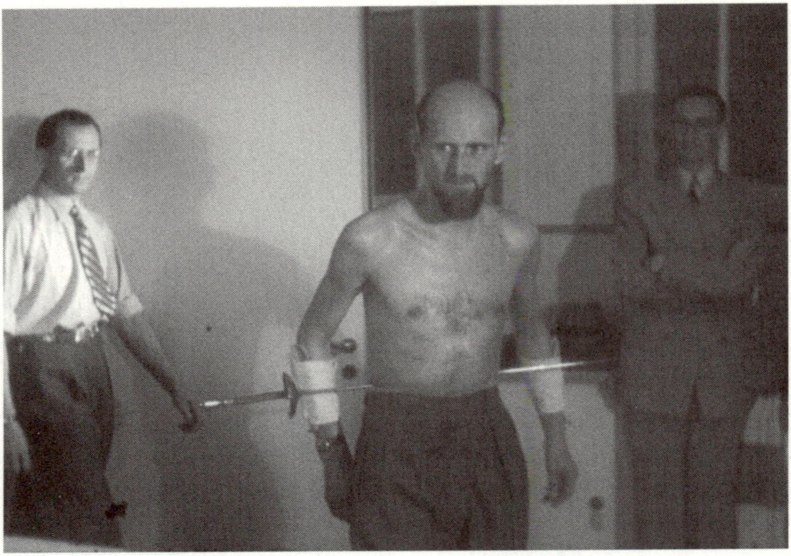

Abb. 31: Trotz der Aufregung im Spital bleibt Mirin Dajo die Ruhe selbst.

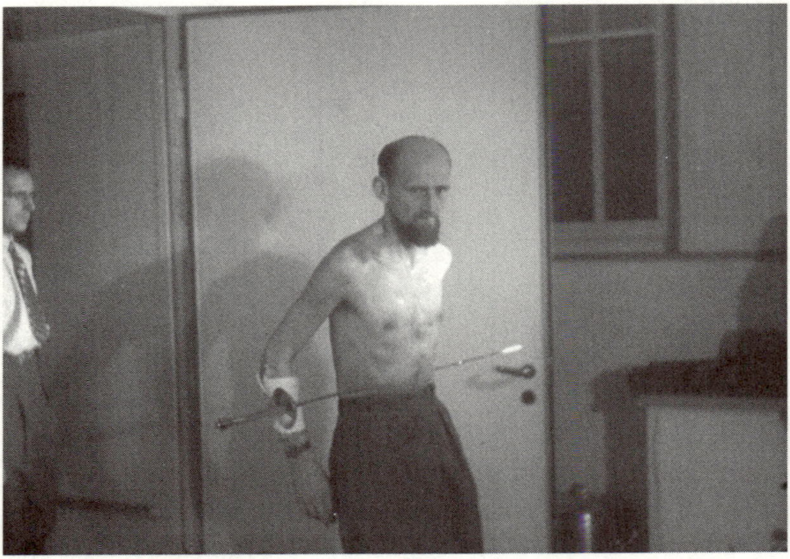

Abb. 32: Immer noch surren die Kameras, alles wird dokumentiert.

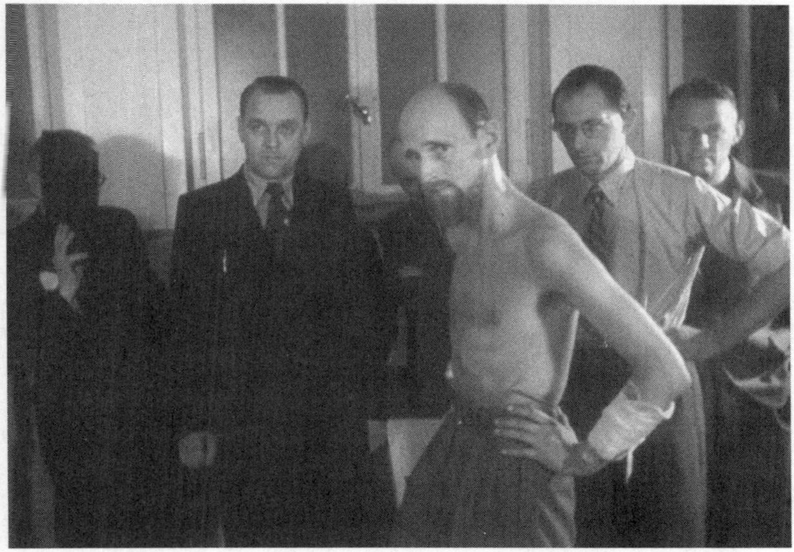

Abb. 33: Kritischer Beobachter: Dajos Mentor Hylke Otter (links).

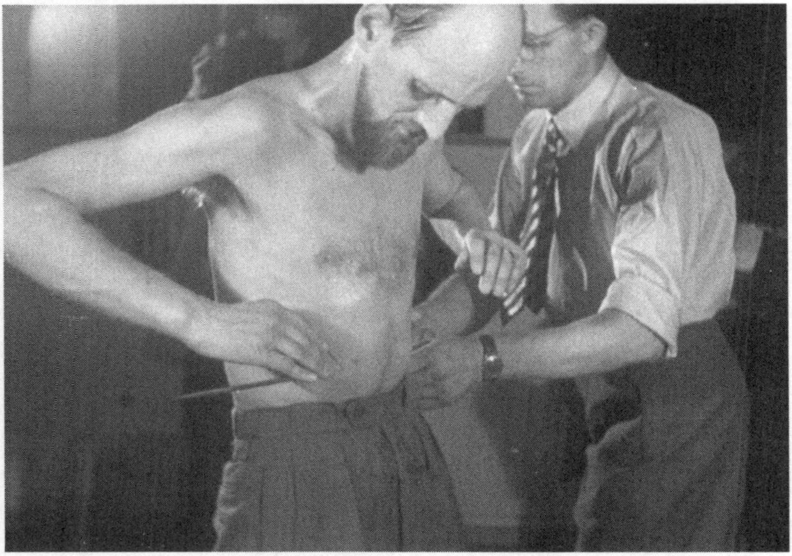

Abb. 34: Ende der Basler »Show«: Johnan zieht das Florett aus Dajos Körper.

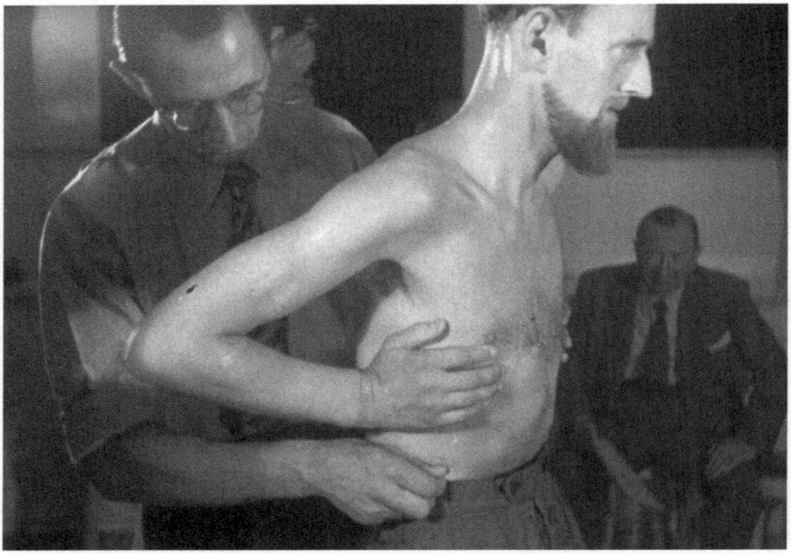

Abb. 35: Ein kurzer Handgriff, und die Wunden verschließen sich von selbst.

Abb. 36: Dr. Nikolaus Kaufmann (links) begutachtet die Waffe.

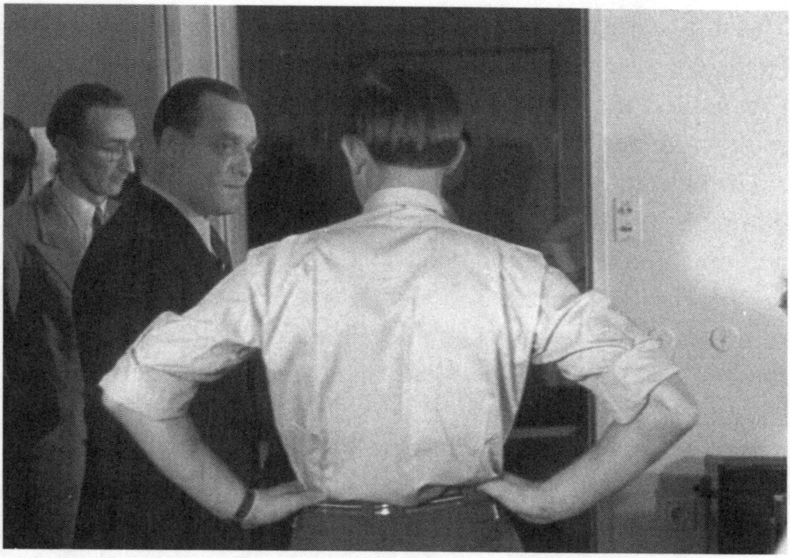

Abb. 37: Lüscher, Otter und Johnan (v. l. n. r.) beim Verlassen des Spitals.

Enttäuschte Gesichter

16. September 1947. Neugierig tuscheln die Vertreter der *Medizinischen Gesellschaft Basel* im Hörsaal des *Bernoullianum*-Gebäudes. Endlich sollten auch sie sich ein persönliches Bild von Dajos Wundertaten machen können. Zumindest war ihnen das vom Holländer versprochen worden. Mit über einer Viertelstunde Verspätung trifft Dajo mit seinen Begleitern ein.

Der Abend wird mit einem Film über die mittlerweile berühmte Prozedur eröffnet. Anschließend wendet sich Professor Massini ans Publikum. Sachlich erzählt er, wie sich Dajo einen Tag zuvor im Basler Bürgerspital vor den Professoren Staub und Lüdin den Oberkörper durchstechen ließ.

Offenbar beherrsche der Holländer »die unwillkürlichen Muskeln ebenso gut wie unsereiner die willkürlichen«, doziert

Massini. Anhand eines Kardiogramms zeigt er, wie Dajos Herzschlag nach dem Durchstich langsamer wurde. Auf jeden Fall sollten die Untersuchungen über das Phänomen fortgesetzt werden, plädiert der Professor abschließend.

Höflicher Applaus und Auftritt Dajos. Mit etwas müder, dünner Stimme begrüßt er die Anwesenden. Er müsse Millionen eine Botschaft bringen: Die Botschaft des Friedens und der Macht des Geistes über den Körper. Doch plötzlich wird sein Tonfall leiser: »Ich kann die Prozedur heute nicht vorführen. Mein Körper reagiert heute nicht wie üblich. Gerne werde ich dies aber noch diese Woche vor ihren Augen nachholen.«

Konsternierung beim Publikum. Ein paar Skeptiker unter den Anwesenden grinsen vor sich hin. »Also doch – nichts als faule Zaubertricks!« feixen sie hämisch und lehnen sich genüßlich zurück.

»Vollständiger Frieden!«

18. September 1947. Im Musiksaal des *Stadtcasinos* wendet sich Dajo erstmals an die Basler Öffentlichkeit. »Mein Ziel ist ziemlich einfach zu umreißen«, beginnt er mit sanfter, aber eindringlicher Stimme. »Es heißt: Vollständiger Frieden, ohne daß man Angst zu haben braucht, daß wieder ein Krieg kommt. Um Gleichgesinnte zu werben, lasse ich meinen Körper durchstechen – zum Beweis, daß man im unerschütterlichen Glauben an Gott unmöglich scheinende Dinge vollbringen kann.«

Seiner Fähigkeit, unverletzbar zu bleiben, sei er sich erst 1945 klar geworden, ergänzt er. Zuvor sei er ein Mensch gewesen wie jeder andere auch. Mit dem Bewußtsein sei quasi über Nacht auch die Fähigkeit da gewesen. Kaum ein Wagnis, das er seither nicht unternommen hätte. »Sogar Kugeln wurden mir durch den Kopf geschossen, ohne daß sie mir etwas anhaben konnten.«

Ein lebhafter Dialog zwischen Publikum und dem Holländer entwickelt sich. Dajo beantwortet freundlich Dutzende von Fragen. Keine scheint ihn ernsthaft in Verlegenheit zu bringen. Schmerzen empfinde er bei den Prozeduren keine, antwortet er. Auch vollbringe er seine Wunder nicht unter hypnotischer Suggestion. Jeder könne diese Fähigkeit durch den Glauben an Gott erwerben. Sie sei ein göttliches Geschenk.

Wie bei zahlreichen anderen Gelegenheiten strömen auch diesmal zahlreiche Zuhörer nach Vortragsende zum Holländer. »Sie haben mir neue Kraft geschenkt!« ruft ihm eine Frau im Vorbeigehen begeistert zu. Und ein anderer Anwesender schüttelt ihm dankbar die Hand: »Meine Schmerzen sind wie weggeblasen, ich kann es kaum fassen.«

Dajo nickt freundlich zurück. »Wenn nur ein einziger im Saal über das, was ich sage, nachdenkt, dann hat es bereits Sinn gemacht«, pflegt er Hylke Otter und Johnan zu sagen. Der Erfolg gibt ihm recht. Tausende hat er mit seiner Friedensbotschaft bereits erreicht. Und ein Ende ist nicht abzusehen.

Durchstechung im **Bernoullianum**

20. September 1947. Erneut finden sich im *Bernoullianum* rund 150 Personen auf Einladung von Mirin Dajo zu einer geschlossenen Veranstaltung ein: Mitglieder der Medizinischen Gesellschaft Basel, Vertreter der Behörden, der Kirche und weitere Neugierige. Ziel ist es, den Herren endlich die versprochene Darbietung zu zeigen, auf welche Dajo vor ein paar Tagen aus gesundheitlichen Gründen verzichten mußte.

Der Holländer betritt das Podium. Rund eine Stunde spricht er über seine Mission. Er wiederholt, daß er unverletzbar geboren sei, sich aber erst später dieser Eigenschaft bewußt

Abb. 38: Das Bernoullianum *in Basel.*

geworden sei. Seine Wunder vollbringe er einzig durch geistige Einwirkung: »Diese göttlichen Kräfte sind nicht nur bei mir, sondern bei jedem wirksam«, betont er. Dann wendet er sich den anwesenden Ärzten zu: »Diejenigen unter Ihnen, die mit Kranken zu tun haben, wissen, daß der Patient durch geistige Anstrengung Schmerzen und Krankheit überwinden kann.«

Auch er selber empfinde selbstverständlich Schmerz, wenn er sich unbeabsichtigt den Kopf anstoße. Und falls er sich beim Rasieren schneide, tropfe natürlich auch Blut. Wenn er sich vorher allerdings konzentriere, »kann ich das abstellen«. So habe er einmal einen Freund gebeten, ihn während des Schlafes mit einer Holzkeule auf den Kopf zu schlagen. Resultat: »Ich schlief unbeirrt weiter.« Auch wenn er mit heißem Wasser übergossen würde, reagiere sein Körper nicht – die Haut würde sich nicht einmal röten.

»Ich möchte es so weit bringen, daß die Menschen lernen, miteinander zu leben und zu arbeiten. Es soll eine universelle Bruderschaft entstehen, die den Frieden auf Erden sichern kann. Das Wunder meiner Unverletzbarkeit ist nur dazu da, daß ich erzählen kann von der Kraft des Geistes über die Materie und von meiner Sendung, deren Ziel der Frieden ist.«

Dajo schließt seine Rede.

Nach einer kurzen Pause wird die Waffe herumgereicht. Vorne nadelspitz, hinten bleifstiftdick. Jeder mustert und betastet die Klinge, so daß sich jede Menge Bakterien darauf ansammeln.

Dann richten sich die Scheinwerfer erneut aufs Podium. Mirin Dajo und seine Freunde betreten die Bühne wieder, während im Hintergrund Filmkameras surren. Dajo trägt einen zweireihigen Anzug. Wortlos entledigt er sich seines Kittels. Sein schmächtiger, hellhäutiger Körper weist unzählige Stichspuren auf, die sich etwas dunkler von der Haut abheben.

Johnan ergreift den Spieß. Die beiden tauschen einige Blikke. Das Publikum hält den Atem an. Dann stellt Dajo den linken Fuß etwas nach vorne, um das Gleichgewicht besser halten zu können. Johnan packt ihn mit der einen Hand am Körper, setzt die Spitze der Waffe zwischen Gürtel und Hals an – auf der rechten Seite von Dajos Rücken, knapp neben dem Schulterblatt. Dann stößt er den Spieß wuchtig in Dajos Körper.

Auf der Brust, noch im Bereich der Rippen, etwa fünf Zentimeter neben der rechten Brustwarze, in Richtung Körpermitte, wölbt sich die Haut kegelförmig. Dajo hilft mit den Händen nach, damit der Spieß sie besser durchbohrt. Stück um Stück kommt die Spitze zum Vorschein, während Johnan die Waffe von hinten immer tiefer hineinrammt.

Mirin Dajo, der die Prozedur ohne mit der Wimper zu zucken über sich ergehen ließ, wandert auf dem Podium hin

Abb. 39: Dajo und seine Freunde betreten das Podium im Bernoullianum.

Abb. 40: Die Durchstechung wird wiederholt – vor unzähligen Ärzten.

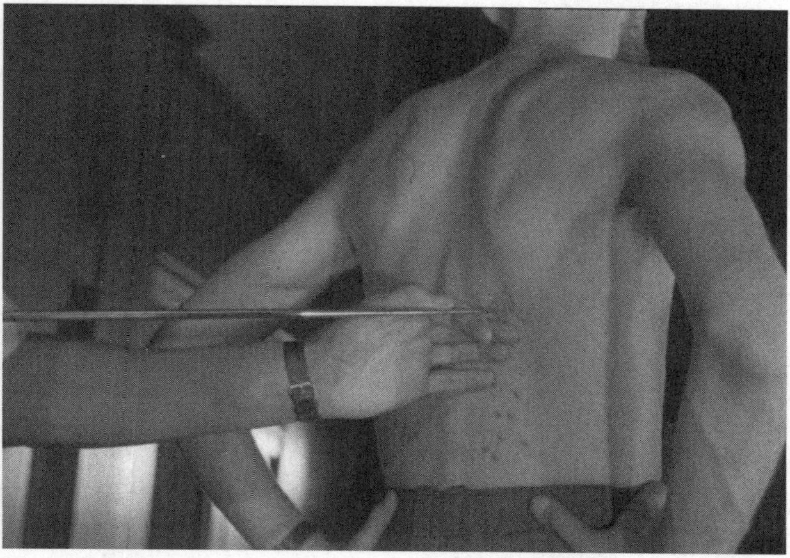

Abb. 41: Diesmal setzt Johnan die Waffe von hinten an.

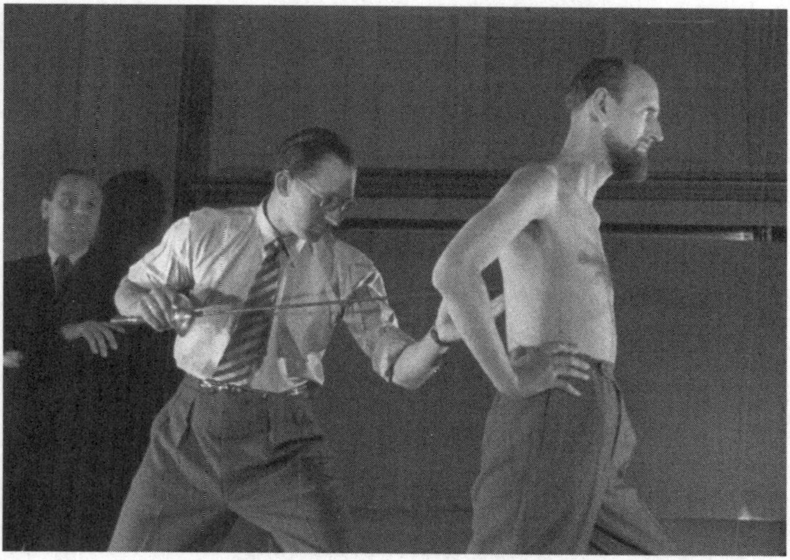

Abb. 42: Die Durchstechung auf der Bühne des Bernoullianums *beginnt.*

Abb. 43: Innerhalb weniger Sekunden schiebt sich die Klinge durch den Körper.

Abb. 44: Nachdenkliche Gesichter bei den anwesenden Ärzten.

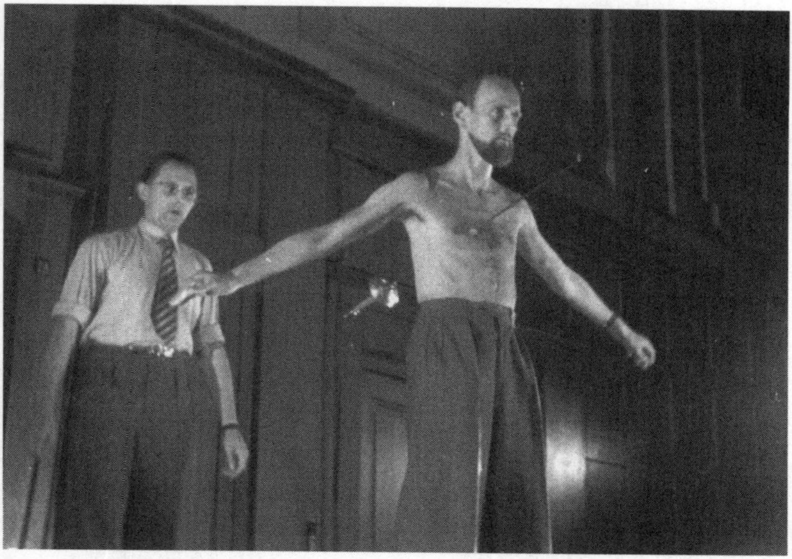

Abb. 45: Höhepunkt im Bernoullianum*: Das Wunder ist perfekt!*

und her, dreht sich ruhig nach allen Seiten. Weder aus der Ein- noch aus der Ausstichwunde fließt Blut. Rund eine Minute später zieht Johnan den Spieß aus Dajos Körper.

Stille. Keiner mag glauben, was er soeben gesehen hat. Ratlosigkeit und Skepsis zeichnen die Gesichter der Anwesenden. Dann aber brandet tosender Applaus auf. Dajo zieht sich wieder an und setzt sich auf seinen Platz im Auditorium. Aufmerksam lauscht er dort dem Schlußwort des Malers und Zeichenlehrers Eugen Niederer.

Die Fachwelt wird informiert

Der Basler Ärzteschaft läßt der Fall Dajo keine Ruhe. Am 27. Dezember 1947 geben Professor Rudolf Massini und Dr. Erik Undritz ihre Eindrücke in der *Schweizerischen Medizini-*

schen Wochenschrift wieder. Ausführlich berichten sie über die Untersuchungen, die der Holländer im Bürgerspital über sich ergehen ließ. Akribisch halten sie jedes Detail ihrer Beobachtungen fest:

»Auf der Stirne über der rechten Augenbraue weist er zwei kleine, ca. 5 Millimeter Durchmesser messende, blasse rundliche Narben auf, die von Revolvereinschüssen herrühren sollen, die ihm kanadische Soldaten beigebracht hätten, um nach einer Körperdurchstechung festzustellen, ob er tatsächlich unverletzbar sei. Es habe sich um Durchschüsse gehandelt, die keinerlei Folgen gezeigt hätten. An beiden Armen und am Rumpf sind zahlreiche ältere vernarbte und frischere, noch nicht vernarbte, aber auch nicht infizierte Stichstellen zu sehen.«

Dann verweisen die Ärzte auf Fotografien, die sie während der Prozedur zu Dokumentationszwecken machten. »Abbildung 1 zeigt die etwas vertieften Einstichstellen hinten unten am Thorax unterhalb der Schulterblätter, wobei besonders viele rechts zu sehen sind, die meistenteils auch höher liegen als die Einstichstellen links. Beachtenswert ist die Stelle rechts dicht unter dem Angulus scapulae, wo zahlreiche Einstichstellen auf einem kleinen Raum zusammengedrängt sind, offenbar der bevorzugte Einstichort.

Die Ausstichstellen liegen links vorne in der Haut des Epigastriums und seitlich, meistens einige Finger breit unterhalb der Mammilla oder rechts, besonders neben der Mammilla, also auch größtenteils außerhalb der Herzgrenzen.«

Die seitliche Durchstechung im Bürgerspital wird folgendermaßen beschrieben: »Der Einstich erfolgte links in den unteren Rippenbogen, in der mittleren Axillarlinie auf der Höhe der Milz. Er traversierte den Oberbauch und trat rechts etwas höher in der vorderen Axillarlinie heraus, wahrscheinlich unterhalb der Leber. Während das Florett im Körper lag, traten profuse Schweißausbrüche auf. Das Medium war während der ganzen Prozedur völlig entspannt und äußerte keinerlei Schmerzempfindung.

Das Florett lag quer im Leibe, links stand der Griff mit einem Teil der Klinge, rechts ein großes Klingenende hervor. (...) Das Florett wurde von vielen der Anwesenden vor der Prozedur betastet, während der Prozedur flossen Schweißtropfen die Klinge entlang. Keinerlei Desinfektionsmaßnahmen wurden ergriffen, das Florett wurde so, wie es war, eingestoßen und herausgezogen.«

Unmittelbar danach habe Dajo, beziehungsweise sein Assistent, die Einstichstellen mit seinen Fingern für einige Sekunden »komprimiert«. Ergänzend weisen Massini und Undritz darauf hin, daß die 70 Zentimeter lange, spitz zulaufende Klinge am Schaft ungefähr 8 Millimeter dick war. Vorne sei sie nadelspitz gewesen, habe aber keine schneidenden Kanten besessen. Ein Umstand, der gröbere Organblutungen zwar nicht prinzipiell ausschließe, aber deren Risiko doch mindere. Ihre Vermutung: Gewisse Blutgefäße, Nerven, aber auch Organe könnten der Klinge durch eine geschickte, langsame Handhabung der Waffe allenfalls »ausweichen«.

So richtig erklären konnten sich die Ärzte das »Wunder« trotzdem nicht, wie ihr Fazit zeigt. Dr. Erik Undritz: »Bei Mirin Dajo liegt eine Häufung außergewöhnlicher, aber nicht übernatürlicher Eigenschaften vor, welche die Ausführung derartiger Experimente gestattet haben. Abgesehen vom höchst raffinierten Bau des Instruments, welches ein Minimum von Verletzungen gestattet, der Sicherheit und dem Tempo, mit dem die Stiche ausgeführt werden, sind es die Schmerzunempfindlichkeit des Mediums, seine während der Prozedur schlaffe, nachgiebige Haltung und seine hohe Immunität gegenüber Infektionen, die auffallen. Der starke Pulswechsel vor und während des Einstichs spricht vielleicht für eine bewußte

Beeinflußbarkeit des vegetativen Systems. Was die Unempfindlichkeit betrifft, so hat man den Eindruck, daß sie suggestiv oder hypnotisch bedingt ist.«

Professor Massini äußert sich sogar noch vorsichtiger: »Das Herz liegt, wie schon gesagt, an normaler Stelle, und es ist möglich, daß, nach Narbenstellen zu schließen, frühere Durchstoßungen das Herz getroffen haben. Eine Erklärung für dieses merkwürdige Phänomen der so gut wie fehlenden Folgen der Durchstiche kann nicht ohne weiteres gegeben werden. Auch das Ausbleiben von Infektionen bei dem nicht desinfizierten Degen, der kurz vorher herumgegeben und von allen Seiten betastet wurde, ist sehr bemerkenswert.«

Bei aller Achtung für Dajo verhehlen die Experten ihre Beunruhigung nicht. Der Mann spielte ihrer Meinung nach fahrlässig mit seinem Leben – und das jeden Tag. Für geschulte Mediziner ein Graus. Umso mehr, als bei seinen bisherigen Auftritten mehrmals lebenswichtige Organe durchspießt wurden.

Also heben die Fachleute besorgt den Zeigefinger. Chronische Leiden seien langfristig nicht auszuschließen, mahnen sie abschließend, und auch das Risiko einer tödlichen Verletzung sei gegeben: »Obwohl bei Mirin Dajo die Stichstellen am Thorax größtenteils außerhalb der Herzgrenzen liegen, dürften auch Herzverletzungen vorgekommen sein. Da die Verletzungen an den Ein- und Ausstichstellen für jedermann deutlich sichtbar sind, ist es auch nicht anzunehmen, daß innerlich die Organe unverletzt geblieben seien. Die geringe Beweglichkeit des Zwerchfells spricht dafür, daß sich auch außerhalb des Herzens in der Brusthöhle verschiedenes abgespielt hat …«

Rummel ohne Ende

Dajo lassen derlei Warnungen kalt. Er findet kaum Zeit, darüber nachzudenken. Wie in Zürich, geben sich seine Besucher mittlerweile auch in Basel die Klinke in die Hand. Ob Hausfrauen, Arbeiter, Philosophen oder Todgeweihte: Für alle hat der Holländer ein offenes Ohr. Bescheiden, ohne sich jemals in den Vordergrund zu drängen, hört er zu, gibt Ratschläge und spricht Mut zu. Für jeden findet er ein passendes Wort. Offen und ehrlich berichtet er über sein Leben, seine Ängste und seine Überzeugung.

Zurück in Zürich ist es nicht viel anders: Immer noch treffen die Briefe stapelweise ein. Und der Holländer bemüht sich mit Hilfe seines Sekretärs, jedem Schreiber ein paar persönliche Zeilen zurückzusenden. Daneben stehen Dutzende von Einladungen auf dem Programm. Nur mit Mühe findet er in all dem Trubel Zeit, hie und da für ein paar Stunden in die Natur zu entfliehen und sich der Meditation zu widmen. Seine geliebte Hängematte muß im Koffer bleiben. Doch Dajo läßt sich den Streß nicht anmerken.

Zu seinen Bekannten zählt in dieser Zeit auch der Journalist Jack Schumacher. Stundenlang notiert er sich, was ihm der Holländer diktiert. Ausführungen, die uns helfen, die innere Kluft zu verstehen, unter der Dajo damals litt. »Es ist oft ein Widerspruch zwischen mir als gewöhnlichem namenlosem Mensch und dem, was ich werden soll. Dieser Widerspruch färbte auf mein Vertrauen in meine Unverletzbarkeit ab.

Zu Beginn meiner Entwicklung zur Immunität – als ich mich ihrer noch nicht wirklich bewußt war, aber wohl darüber aufgeklärt worden war durch Hylke Otter – hatte ich immer den Mut gehabt, alles zu tun. Aber da wurde mir bewußt, was ich tat. Und da bekam ich Angst und hatte den Mut nicht, durch mein Herz stoßen zu lassen, wohl aber durch den Körper.

Ich lernte dann, mein zwiespältiges Gefühl zu überwinden. Ich sank also zuerst in meinem Vertrauen, um hernach aber umso höher zu steigen. Zuerst hatte ich einen geistigen und einen Glaubenstiefgang durchgemacht. Man bekommt nichts ohne Widerspruch und Streit. Wenn ein Kind sich einer Gefahr nicht bewußt ist, tut es alles, ohne Angst zu haben. Die Gefahr beginnt erst für das Kind, wenn man es warnt. Es könnte wohl etwas furchtlos machen, aber hat den Mut nicht.

Und im Anfang war ich auch so ein Kind. Und da kamen dann die Ärzte und sagten: ›Aber, junger Mann, das ist doch sehr gefährlich.‹ Und ich hatte den Mut nicht mehr und mußte das Selbstvertrauen zuerst wieder zurückgewinnen. Schließlich ist aber doch das Bewußtsein durchgedrungen, daß ich ganz unverletzlich bin. Und ebenso, daß man tun darf, was man will, ohne daß etwas geschehen kann.

Aber das ist nur eine Entwicklungsstufe gewesen. Als ich zum Beispiel zum ersten Mal mit heißem Wasser übergossen wurde, da hatte ich ein wenig Angst. Und ich lief hin und her und ich wußte nicht, ob es gut ablaufen würde. Und danach sagte ich: ›Ich bin doch unverletzlich. Und ich werde nicht verletzt, wenn man Wasser von 100 Grad Celsius über mich schüttet. Die Geisteskraft siegt über den Körper.‹ Und es war so.

Früher war es so, wenn etwas Lebensgefährliches durchschnitten oder die Schlagader durchstochen wurde, dann stand mein Herz still, und ich mußte mich ruhig hinlegen. Und nach einiger Zeit konnte ich wieder weitergehen. Und nun bin ich so weit, daß ich in solchen Fällen wie ein gewöhnlicher Mensch herumgehen kann.

Man hatte in Amsterdam von mir drei Fotos gemacht, eines mit der Waffe von der Armhöhle quer durch den Körper hindurch nach schräg unten, während liegend unter mich die Röntgenplatte geschoben wurde. Man hat dann sofort die

Waffe herausgezogen, einen zweiten Stich und eine zweite Aufnahme gemacht und so weiter.

Nun sahen wir: 1. Den Körper mit der darin steckenden Waffe. 2. Den Körper mit einer Narbe. 3. Den Körper wieder ganz zugeheilt, also unverletzlich. Was man gemacht hatte, war stereotypische Röntgenfotografie, denn eine gewöhnliche Aufnahme wäre noch kein Beweis gewesen.

Ich habe bis heute etwa 500 Durchstiche gehabt. Auch Röntgenstrahlen sowie Gift machen mir nichts. Ich kann bereits noch andere unglaublich erscheinende Dinge. Ich bin erst am Anfang der Entwicklung. Wenn ich wieder mehr Ruhe habe und freie Zeit, kommt auch wieder eine bessere Einkehr in mich. Und dann kann ich noch mehr erreichen. Dann werde ich auch etwas zeigen können, daß man für das Unmöglichste gehalten hat und das doch möglich ist, weil im Reiche Gottes alles möglich ist ...«

Nationalrat Duttweiler schaltet sich ein

Einer interessiert sich in jener Zeit ganz besonders für den Holländer: der prominente Schweizer Nationalrat und Erfolgsunternehmer Gottlieb »Dutti« Duttweiler. Als Gründer des Schweizer Lebensmittelgrossisten *Migros* hatte er in seiner Branche revolutionäre Maßstäbe gesetzt. Mit seinem sozialen, kulturellen und politischen Engagement eckte Duttweiler beim Establishment zwar immer wieder an – doch das Volk liebte ihn.

Duttweiler lädt Dajo zu sich nach Hause ein. Und verspricht zu helfen, wo er kann. Auch in Sachen Fremdenpolizei sagt er Schützenhilfe zu, weil die kuriosen Körperdurchstechungen den Ordnungshütern immer noch ein Dorn im Auge sind. Schließlich genügt ein kurzes Telefonat von »Dutti« mit der richtigen Stelle – und die bereits mehrmals verlängerte Aufenthaltsgenehmigung der drei Holländer wird knurrend ein weiteres Mal ausgedehnt.

Im Spätherbst 1947 heftet sich Fritz Flueler an ihre Fersen. Der Journalist soll für Duttweilers Zeitung *Brückenbauer* eine Reportage realisieren. Sekretär Edmund Lüscher empfängt Flueler im Hotel *Rothus*, wo Mirin Dajo längst zu den Stammgästen zählt. Nach dem Auftrittsverbot im Juni hatte Hoteldirektor Emil Bäggli den mittellosen Holländern kostenlos Unterkunft angeboten. Und so zog es Dajo mit seinen Begleitern auch später öfter ins bekannte Gästehaus im Niederdorf-Quartier.

»Durch eine schmale Schlafkammer hindurch begleitete uns Sekretär Lüscher in ein geräumiges Zimmer, das als Empfangsraum und Büro dient«, schreibt Journalist Flueler im November 1947. »Die Einrichtung war denkbar einfach: Sie bestand aus zwei Schreibtischen und ein paar bequemen Stühlen. An Wandschmuck fiel uns nur ein kleines Herz-Jesu-Bild in die Augen.

Kurz nachdem wir Platz genommen hatten, erschien Mirin Dajo – eine Gestalt, wie geschaffen, in Oberammergau als Christusdarsteller beschäftigt zu werden. Mirin Dajo hat blaue Augen, die in tiefen Höhlen liegen. Seine Stimme ist warm, doch zündet sie nicht. Die Blicke sind gütig, doch zwingen sie nicht. Die ganze Persönlichkeit wirkt, wenigstens im Gespräch und in der Nähe, seltsam unpersönlich.

Kaum haben wir Mirin Dajo begrüßt, tauchen hinter ihm zwei weitere Männer auf, die wir zuerst wie eine Leibgarde empfinden. Der robustere von beiden ist Hylke Otter; der zartere nennt sich Johnan de Groot.«

Dajo erzählt von seiner Vision einer internationalen Bruderschaft für den Frieden. »Die geistigen Kräfte sollen dem Menschen bewußt gemacht werden«, wiederholt er. »Die Schweiz ist hierfür der denkbar beste Wurzelgrund. Keine der großen Religionen widerspricht im Grunde der andern. Ihre Verschiedenheit besteht nicht im Zweck, sondern nur in den Mitteln, welche sich der jeweiligen Aufnahmefähigkeit der Völker anpassen mußten.«

Der Holländer zieht Flueler in seinen Bann. Doch der Journalist bemüht sich nach Kräften, Distanz zu halten, um objektiv berichten zu können. Mit scharfem Blick analysiert er die Beziehung der drei Freunde. »Es ist nicht immer leicht, von Mirin Dajo auf konkrete Fragen konkrete Antwort zu erhalten«, schreibt er. »Er spricht viel lieber von seiner Sendung. Wird eine besonders knifflige Frage geäußert, dann fällt die Antwort erst nach einem blitzschnellen Blickwechsel mit Hylke Otter, oder es ergreift dieser selbst das Wort, um in einem sprudelnden, aber schwer verständlichen Gemisch von Holländisch und Deutsch um das Thema einen Bogen zu schlagen.«

Flueler lädt die Holländer zum Essen ein. Man trinkt eine Flasche Wein, und Otter erzählt vom Eindruck, den die Berge auf ihn machten, vor allem der Säntis. Dajo nutzt die Gelegenheit, um falsche Aussagen zu korrigieren, die über ihn verbreitet wurden. Er sei nie in einem Konzentrationslager gewesen, versichert er. Auch wenn die holländische Presse dies behauptet habe. Sagt es, und verschwindet für ein paar Minuten.

Johnan gibt derweil Anekdoten aus dem Umgang mit Mirin Dajo zum Besten. Einmal hätten er und Otter ihrem Freund nachts mit einem Stück Holz auf den Kopf geschlagen – grinst er – und ihm danach mehrere Nadeln durch die Beine getrieben. Ohne daß er dabei erwacht sei.

Dajo kehrt an den Tisch zurück und entledigt sich seiner Jacke. Flueler glotzt ihn erstaunt an. Später notiert er: »Trotz der Kälte trägt er kein Hemd, sondern hat nur einen lila Schal um seine Brust geschlungen. Er zeigt uns auch, wie kunstvoll er diesen zu winden und knoten weiß, und lacht, als wir bemerken, er sei sich seiner Eitelkeit noch nicht bewußt geworden. Die Narben der über 500 Durchstiche ziehen sich wie eine Milchstrasse über seine Haut. Ganz unempfindlich scheint er aber doch nicht zu sein, denn ein vergeblich unterdrücktes Niesen zeigt an, daß eine Erkältung stattgefunden hat. Wir scheiden mit festem Handdruck voneinander.«

Zürcher Ärzte bleiben skeptisch

»Wenn ich wieder mehr Ruhe habe und freie Zeit, kommt auch wieder eine bessere Einkehr in mich. Dann werde ich auch etwas zeigen können, das man für das Unmöglichste gehalten hat, und das doch möglich ist, weil im Reiche Gottes alles möglich ist ...«

Dajos Versprechen kommt nicht von ungefähr: Immer häufiger ziehen kritische Schweizer Ärzte seine »Unverletzbarkeit« in Zweifel. Zwar können sie sich vieles nicht erklären. Aber für unsterblich, wie viele seiner Anhänger, halten sie den Holländer selbstverständlich nicht. Umso mehr schütteln sie die Köpfe über seine vermeintliche Fahrlässigkeit.

Besonders in Zürich regt sich ob des wachsenden Rummels zunehmend Kritik. Der Holländer reduziert seine Körperdurchstechungen deshalb auf private Veranstaltungen im geschlossenen Kreis, unter anderem im Saal des Restaurants *Oleander*. »Ich konnte die Durchstechung dort aus nächster Nähe beobachten«, erinnert sich Néné von Muralt von der *Schweizerischen Parapsychologischen Gesellschaft*. »Vor dem eigentlichen Höhepunkt schluckte Mirin Dajo Nägel und andere spitzige Gegenstände.«

Doch die Zürcher Ärzte lassen nicht locker: Angeheizt wird die Stimmung durch eine weitere Publikation in der *Schweizerischen Medizinischen Wochenschrift*. Analog seinen Basler

Kollegen berichtet ein Mitarbeiter der *Chirurgischen Universitätsklinik* darin über Dajos Untersuchung in Zürich. Auch er läßt nach Konsultation der Röntgenbilder keinen Zweifel am erstaunlichen Charakter der Durchspießung offen – relativiert sie aber ebenfalls:

»Man erkennt einen metalldichten, langgestreckten, stabförmigen Schatten, der auf der seitlichen Aufnahme von hinten unten in der Gegend des Lumbalwirbels 2 durch die kompakten Weichteilschatten des Abdomens (Leber) schräg aufsteigend nach vorn geht und die Bauchwand 1,5 Zentimeter unterhalb des Processus xiphoideus verläßt. In der a.p.-Aufnahme zeigt sich, daß die linke Zwerchfellkuppe 12,5 Zentimeter oberhalb des Metallstabes sichtbar ist. Im Stereobild ist keinerlei seitliche Abweichung der Degenklinge zu erkennen. Nach der röntgenologischen und klinischen Beurteilung geht der Rundstab durch die Leber hindurch. Eine Nieren- oder Lungenpassage ist wenig wahrscheinlich.

Nach 20 Minuten wurde der Degen wieder herausgezogen und dabei kam es bei der Rückenwunde nur zu einer ganz geringen Blutung in Form von wenigen Tropfen. Der Degen selbst war nicht blutig. Die scharfrandigen Hautwunden zeigten auffallend gute Tendenz, durch elastischen Zug sich zu verschließen. (...) Zwei Narben fanden wir im Bereich des fühlbaren Herzspitzenstoßes.

Der nach der Demonstration bei uns mikroskopisch und chemisch untersuchte Urin ergab normale Befunde. Ein nach dem Experiment erstelltes weißes Blutbild und die Bestimmung der Hämoglobinwerte waren normal. Als die Haut an der Fingerkuppe mit dem üblichen Schnepper für die Erstellung des Blutbildes und die Hämoglobinmessung durchstoßen wurde, machte M. D. dieselben Abwehrbewegungen wie jeder Patient, und es blutete genau gleich wie bei allen anderen Menschen aus der Stichwunde.«

Wie der Zürcher Mediziner weiter schreibt, seien zum besseren Verständnis von Dajos Fähigkeiten auch entsprechende Tierversuche durchgeführt worden. Obwohl sich deren Ergebnisse nicht direkt auf Menschen übertragen ließen, schienen sie doch zu bestätigen, was die Basler Ärzte bereits andeuteten: Daß die organischen Verletzungen Dajos möglicherweise weitaus geringer waren, als man eigentlich vermuten müßte. Sprich: Mit langjährigem Training und geschickter Hand beim Durchstechen könnte allenfalls auch anderen ansatzweise gelingen, was den Holländer einzigartig machte.

Johnan schlägt zurück

So überzeugend der Zürcher Facharzt seine Untersuchungen und Vermutungen auch präsentiert: Lückenlos erklären kann er Dajos Fähigkeiten ebenfalls nicht. Und doch ist Dajos »vollkommene Unverletzbarkeit« damit vom Tisch – zumindest für die Wissenschaft. Die Ärzteschaft degradiert ihn in der Öffentlichkeit vom »übersinnlichen Wunder« zum »außergewöhnlichen Phänomen«.

Ausführungen, die Dajos engster Freund und Mitarbeiter Johnan mit Kopfschütteln quittiert. Dem Schweizer Journalisten Willy Wagner diktiert er dazu folgende Zeilen: »Wenn ich Mirin Dajo durchsteche, bin ich völlig frei von jeder Furcht vor einem Unglück. Mirin Dajos unbegrenztes Vertrauen auf Gott und seine restlose Hingabe strahlen auf mich aus und geben mir Mut zu dem, was ich unter anderen Umständen nie und nimmer fertig brächte – den Körper meines liebsten und besten Freundes, seine empfindlichsten Organe wie Herz, Lunge, Magen, Leber usw. zu durchbohren.«

Wie sehr er sich dabei auf Gott verlassen könne, zeige wohl am besten der Umstand, daß er das Schwert völlig wahl- und ziellos durch den Körper Dajos stoße: »Um genügend Halt zu haben, lege ich jeweils die freie linke Hand irgendwo auf die entgegengesetzte Seite – und noch immer ist die Klinge dort genau zwischen meinen Fingern wieder zum Vorschein gekommen, ohne mich jemals zu verletzen.

Wissenschaftler haben die Vermutung geäußert, daß die Organe jeweils der Klinge auswichen, diese beispielsweise zwischen zwei Lungenlappen, zwischen Herz und Lunge, zwischen Blutgefäßen hindurchgleite, ohne sie eigentlich zu verletzen. Nun, ich vermag nicht durch Haut, Muskeln und Rippen Mirin Dajos hindurchzusehen, um das Gleiten der Lungenlappen, die momentane Lage des Herzens usw. festzustellen, sondern muß es in jedem Fall, wie man so sagt, darauf ankommen lassen.

Weiß ich, ob das kontraktierende Herz nicht eben im Moment des Durchstichs der Schwertspitze entgegenschlägt, um sich daran aufzuspießen, statt ihm auszuweichen? Ob der sich hebende und senkende Lungenlappen in diesem Augenblick eine Lücke freigibt oder aber sich genau vor die eindringende Waffe stellt?

Es ist zweifellos Pflicht der Wissenschaft, nach Erklärungen zu suchen. Darin besteht ihre Aufgabe. Aber man kann sich eine solche auch allzu leicht machen!«

Zweifel am richtigen Weg

Äußerlich bleibt Mirin Dajo die Ruhe selbst. Innerlich aber plagen ihn zunehmend Zweifel: Darf er sein Schicksal weiterhin herausfordern? Wie weit kann er tatsächlich gehen? Ist er wirklich unverletzbar – entgegen allen ärztlichen Beteuerungen? Oder soll er auf seine wagemutigen Experimente lieber verzichten, um sich künftig nur noch seiner Friedensmission zu widmen? Fragen, die sich der Holländer in dieser Zeit immer häufiger stellt. Die Kluft zwischen Arnold Henskes und seinem Alter Ego Mirin Dajo scheint unüberbrückbar geworden zu sein.

In einsamen Zwiegesprächen mit der »obersten geistigen Leitung«, wie er manchmal salopp formuliert, hadert er mit seiner Gabe. Da ist sein Gefühl. Es fordert ihn auf, stehen zu bleiben. Und da ist eine mächtige Stimme. Sie heißt ihn, weiterzugehen. Dorthin, wo er noch nie gewesen ist. Immer öfter sitzt Dajo gedankenversunken unter seinen Freunden – um dann plötzlich aufzuschrecken und sich für seine »Absenz« zu entschuldigen.

Mehr als einmal ist er sich hundertprozentig sicher, seine kühnsten Absichten umzusetzen. Felsenfest überzeugt, will er den Tod herausfordern und erneut überlisten. Dann aber läßt er seine Pläne wieder fallen. Entschlossen, seine Popularität zu nutzen und nur noch seine Friedensbotschaft zu verbreiten. Erschöpft vom Rummel um seine Person. Müde ob all der ehrlichen und falschen Lobeshymnen, die er über sich ergehen lassen muß.

Doch da sind seine Bewunderer. Sie können sich kaum satt sehen an seinen Experimenten. Immer und immer wieder wollen sie seine Gabe von Neuem bewiesen wissen. Unersättlichen Tieren gleich lechzen sie nach mehr. Da sind auch die Ärzte, denen er weitere Beweise seiner Fähigkeiten schuldig zu sein glaubt.

Und da sind schließlich noch Hylke Otter und Johnan, die er ebenfalls nicht enttäuschen will. Freunde, denen er eine neue Welt eröffnet. Freunde, die den Kult um seine Person aber auch regelrecht zu genießen scheinen. Sie verwalten seine Agenda, koordinieren seine Freizeit und spornen den »Unverletzlichen« täglich dazu an, noch Verrückteres zu vollbringen.

Aber denken sie nicht auch wie er selbst? Verhalten sie sich

Abb. 46: Dajo auf dem Uetliberg: Johnan dreht das Florett im Kreis.

Abb. 47: Leibesübungen auf dem Uetliberg – samt Klinge im Bauch.

ihm gegenüber nicht vorbildlich? Zeichnet sie nicht dieselbe Glaubensphilosophie aus, die er mit Leib und Seele propagiert? »Speziell Johnan hat sich in geistiger Hinsicht prächtig entwickelt – er ist wie ein Bruder für mich!« rechtfertigt sich Mirin Dajo vor Arnold Henskes. Und lächelt ihn gütig an.

Das Experiment mit dem Schwert

Dajo ringt mit sich – und gibt der »göttlichen Stimme« nach. Stärker denn je liebäugelt er damit, seine Künste auf die Vereinigten Staaten von Amerika auszudehnen. Er beginnt seine öffentlichen Experimente zu steigern: Auf dem Uetliberg von Zürich läßt er sich beim Joggen filmen. Samt Florett im Körper. Immer wieder mahnt er den Kameramann, ihn nicht aus dem Sucher zu verlieren, aus Angst, man könnte ihm sonst billige Filmtricks vorwerfen. Unglaublich, aber wahr: Dem »Lauftraining« gehen diesmal sogar Leibesübungen voran – mit der Klinge im Körper.

Dann befiehlt ihm die »göttliche Stimme« eine weitere Steigerung: »Lasse Dich mit einem Schwert durchstechen und mache einen weiteren Film!« Also setzt er auf der Bühne der Schulwarte in Bern noch eins drauf und tut, wie ihm befohlen: Statt wie bis bisher mit einem Florett, läßt er sich mit einem 2,5 Zentimeter breiten und 5 Millimeter dicken zweischneidigen Schwert durch den Oberkörper stechen, »um darzutun, daß die Art der Waffe keine Rolle spielt« – entgegen der Behauptung der Ärzteschaft.

»Heute bin ich, genauso wie gestern und vorgestern, in Bern für Filmaufnahmen«, schreibt der Holländer am 31. Oktober 1947 während einer Drehpause an seine Eltern. »Die Filme, die bis jetzt gemacht wurden, sind ein Erfolg, und auch die Filme von heute versprechen gut zu werden. Schade, daß ich so wenig Zeit habe, um zu schreiben, aber bei uns herrscht in diesem Monat Hochbetrieb, da wir Vorbereitungen für unsere zukünftige Arbeit in Amerika treffen.«

Die Kameras surren. Johnan zückt das Schwert und sticht erneut zu – diesmal von vorne nach hinten – durch das Schulterblatt. Ein paar Tropfen Blut fließen. Aber erneut keine Schmerzen, keine Infektion, keine gravierenden Verletzungen. Das klaffende Loch im Körper schließt sich wie von Geisterhand. Lediglich eine unscheinbare Narbe zeugt fortan vom Unglaublichen.

Wer bisher noch Zweifel hegte, kommt aus dem Staunen nicht mehr heraus. Dajos Popularität erreicht einen neuen Höhepunkt. Und diesmal glaubt er, auf dem rechten Weg zu sein. Nichts scheint ihm mehr unmöglich. Jetzt, oder nie – sagt sich der Holländer. Und beginnt sich innerlich auf das wagemutigste Experiment seines Lebens vorzubereiten. Bis es soweit ist, verbietet ihm seine innere Stimme alle weiteren körperlichen Demonstrationen.

Abstecher in die Villa Rogenmoser

Zu Dajos Förderern zählt in jener Zeit auch der Zürcher Gastrounternehmer und Multimillionär Joseph Rogenmoser. Mit seiner Familie und zwei Luxus-Karossen residiert er in einer Nobelvilla am See. Als Besitzer mehrerer gutgehender Restaurants deckt er Mirin Dajo und seine Begleiter öfters mit Essensbons ein und steckt ihnen hie und da auch etwas Geld zu.

Der Holländer revanchiert sich Ende 1947 mit privaten Auftritten in Rogenmosers Villa, wo sich oft bis zu 150 neugierige Gäste einfinden. Seine Ausführungen sind einmal mehr visionär. Was uns Psychologen, Positivdenker und Esoteriker

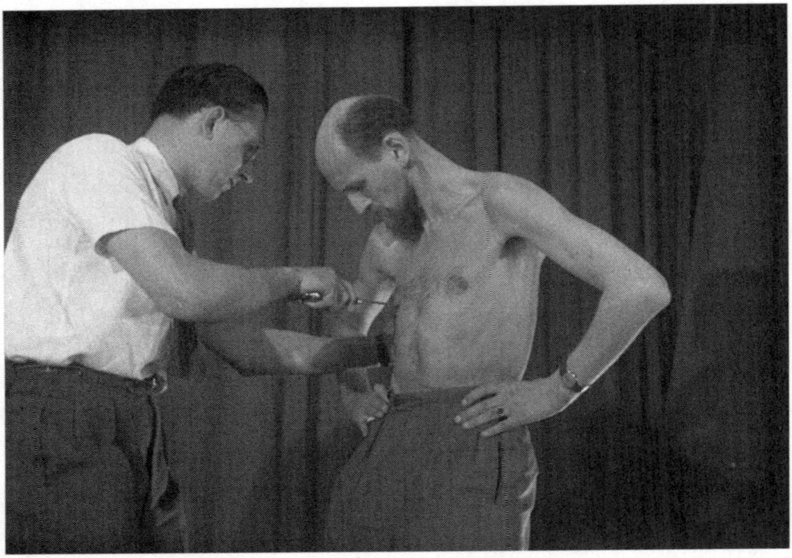

Abb. 48: Experiment in Bern – mit einem 2,5 Zentimeter breiten Schwert!

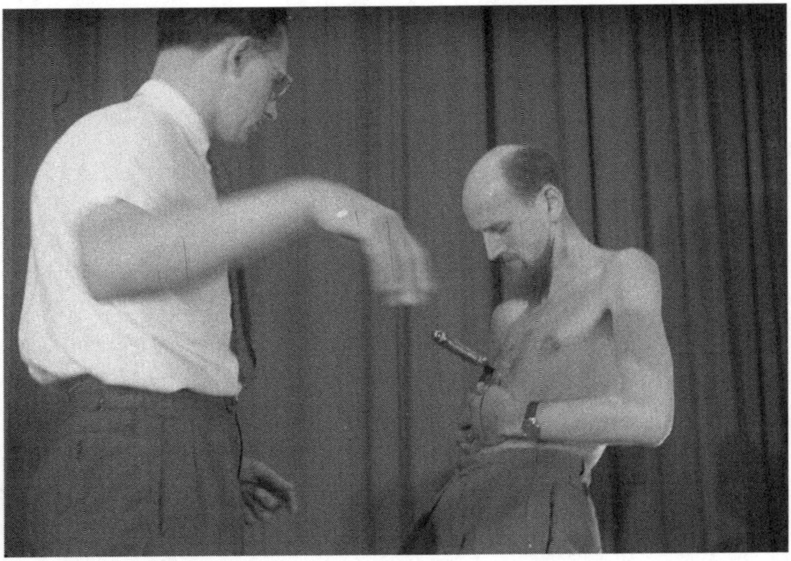

Abb. 49: Bei der Schwert-Durchstechung kommt es zu einer minimalen Blutung.

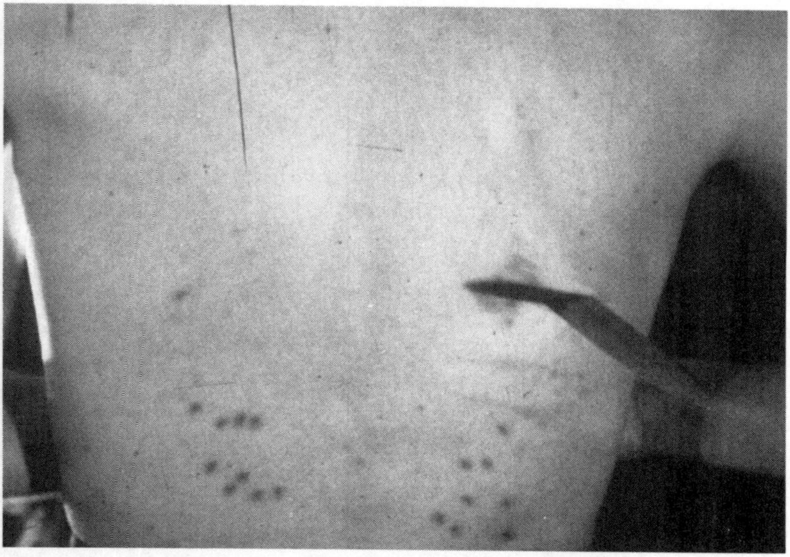

Abb. 50: Die zweischneidige Klinge tritt unterhalb des Schulterblatts aus.

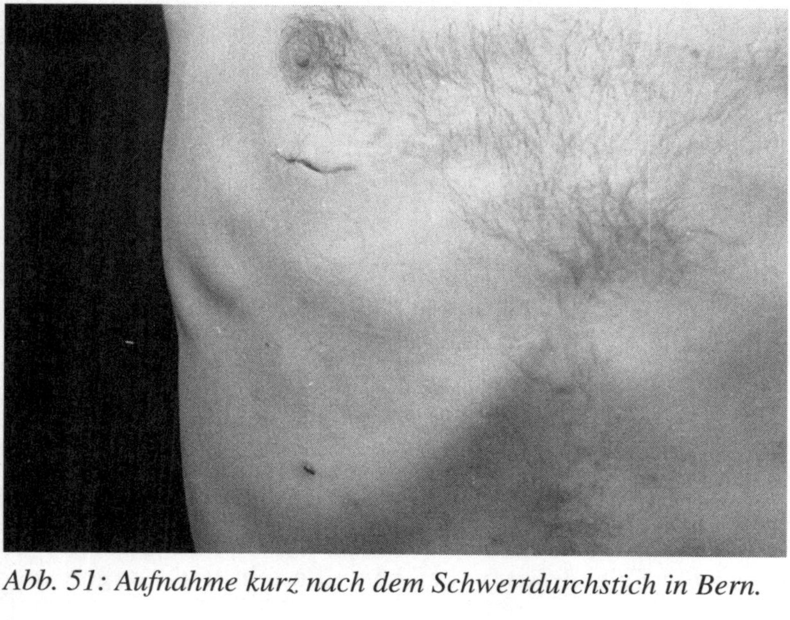

Abb. 51: Aufnahme kurz nach dem Schwertdurchstich in Bern.

heute näher bringen, war für Dajo vor über 55 Jahren bereits Selbstverständlichkeit:

»Wer geistige Kräfte erforschen will, muß sie in sich belauschen«, betont er immer wieder. »Dort lassen sie sich fühlen, sehen und hören; die Dinge rund um uns zeigen uns nur ihr Äußeres. Selbsterkenntnis ist daher der unerläßlichste Schritt für jeden, der sich den verborgenen geistigen Kräften nähern, sie erkennen und sich mit ihnen vereinigen will.

Der erste Schritt zur Selbsterkenntnis jedoch ist, daß wir die Gabe der Selbstbetrachtung erkennen und ausbilden. Wir haben äußere und innere Sinne. Mit den ersteren sehen, hören und fühlen wir nach außen. Mit den letzteren blicken wir in beschaulichen Stunden nach innen; wir spüren das Aufsteigen der Gedanken; wir sehen innere Bilder, welche die Phantasie fast ununterbrochen erschafft; wir nehmen Gefühle wahr, die uns durchströmen.

Während des Schlafes, im Traume, sind alle inneren Sinne in so lebhafter Tätigkeit begriffen, daß wir uns dort vollständig in einer geistigen Welt bewegen. Diese Gabe, nach innen zu sehen, zu hören und zu fühlen, gilt es nun bis zur Meisterschaft auszubilden, denn im Innern liegt die verborgene Quelle aller unserer Gefühle, unserer Gedanken und unserer Handlungen. Sie bestimmt unser Leben; sie formt unser Schicksal, und so, wie sie es gestaltet, so müssen wir es tragen!

Das Naheliegendste und Wichtigste für einen jeden Menschen sollte es – so will mir scheinen – daher sein, sich selber kennenzulernen! Unsere Zeit richtet die Blicke einseitig nach außen. Es gibt kaum etwas, das sie nicht schon erforscht hätte. Aber wer wir selber sind, und was wir selber sind, darüber schmachten wir in Unwissenheit. Wir benutzen unsere Sinne und unsere Gefühle, um uns äußeres Wissen anzueignen, oft genug ein Scheinwissen, das heute besteht und morgen vergeht.

Wir reagieren ununterbrochen auf die verschiedenste Art und Weise, auf alles was uns umgibt; aber keiner forscht danach, wer in ihm sieht, hört und fühlt; wer in ihm so und anders reagiert; wer in ihm spricht, in ihm haßt und liebt, und welche Kraft es ist, die alle Glieder bewegt zum täglichen Werk. Das größte aller Wunder ist der Mensch selbst! Wer achtlos daran vorbei geht, hat sich selbst verloren!«

Unter Rogenmosers Gästen befindet sich eines Tages auch der Chemiker Johannes Sorge. In einem Dankesbrief an den Millionär vom 8. Dezember 1947 spricht er aus, was viele von Dajos Anhängern denken. Seine Zeilen stehen stellvertretend für die positive Kraft, die der Holländer in jener Zeit auf seine Mitmenschen ausstrahlte – in einer Zeit, die vom Elend des Krieges überschattet war:

»Einem Hinweis von Fräulein Baumann folgend, durfte ich gestern Vormittag der Zusammenkunft mit Mirin Dajo in Ihrem Haus beiwohnen. Obwohl Sie sich bescheiden als kleines Werkzeug einer höheren Macht bezeichneten, drängt es mich dennoch, Ihnen dafür zu danken, daß Sie es durch die Gastfreundschaft Ihres Hauses mir und vielen anderen Suchenden ermöglichten, mit diesem lebendigen Zeugnis geistiger Kraft in Verbindung zu treten und daraus neue Impulse für die eigene geistige Arbeit zu schöpfen.

Als Naturwissenschaftler wirkte auf mich besonders die objektive Gründlichkeit überzeugend, mit der Mirin Dajo anhand des vorgeführten Films seine geistigen Fähigkeiten unter Beweis stellte. (...) Wenn auch die Registrierung des Ergebnisses geistiger Konzentration durch physikalische Apparaturen nicht verwunderlich ist und die mit geistigen Augen Sehenden solcher Beweise für die Sendung Mirin Dajos nicht bedürfen, erscheinen sie mir dennoch für die Überzeugung der großen Masse der Skeptiker äußerst wertvoll und verdienen, in weiten Kreisen bekannt gemacht zu werden.«

Rogenmosers Engagement kommt nicht von ungefähr: Seine Frau bewegt sich in den Kreisen der *Spirituellen Loge* um das Zürcher Medium Beatrice Brunner. Er selbst brach bereits in jungen Jahren mit dem Katholizismus – und befand sich als religiöser Mensch zeitlebens auf der Suche. »Mirin Dajo war Teil seiner Suche«, wie seine Tochter Juno rückblickend erzählt. »Ich erinnere mich gerne an den Holländer zurück. Er war eine integre, wahrhaft außergewöhnliche Gestalt und seiner Zeit weit voraus. Ganz im Gegensatz zu Johnan, bei dem er leider in die falschen Hände geriet. Mein Vater bot ihm und seinen Begleitern in unserer Villa kostenlos Unterkunft, damit sie in all dem Rummel etwas Ruhe fänden.«

Davon konnte indes kaum die Rede sein, wie sich Getrud Hegetschweiler, Schwester von Junos Mutter, erinnert: »Seine Begleiter diktierten ihm Termin um Termin. Sie füllten seine Agenda, wo sie nur konnten – um auf diese Weise etwas Geld zu verdienen. Sie waren es, die ihn drängten, seine Künste auch in Amerika vorzuführen. Sekretär Lüscher opferte sich regelrecht auf, um den Holländern den Weg in die Vereinigten Staaten zu bahnen. Um Kraft zu tanken, zog sich Dajo damals hie und da an einsame Orte zurück, wo er in seiner Hängematte nächtigte. Manchmal meditierte er auch auf dem Zürcher Uetliberg.«

Amerikapläne: Hilfe von Einstein?

Lüschers »freiwilliges« Engagement kommt nicht von ungefähr: Schon lange liebäugelt er damit, in die Vereinigten Staaten auszuwandern. Im Schlepptau der drei Holländer rechnet er sich bessere Chance auf eine Einreisebewilligung aus. Das Thema Amerika beschäftigt sie schon seit Monaten, wie Lüscher schnell merkt. Also tut er alles, um ihre – und seine –

Pläne in die Tat umzusetzen. Unermüdlich knüpft er Kontakte. Und schreibt sich gegenüber Behörden und Amtsstellen die Finger wund.

Mirin Dajo nutzt die Wartezeit, um ebenfalls Beziehungen zu knüpfen – diesmal mit internationalen Persönlichkeiten. Im Dezember 1947 spricht er mit Schauspieler Hans Albers, der sich gerade in der Schweiz aufhält. Noch im gleichen Monat setzt er einen Brief an den indischen Friedensaktivisten Mahatma Ghandi auf. Und findet in Genf Gelegenheit, ein paar Worte mit Eleanor Roosevelt zu wechseln. Die US-Präsidentengattin weilt ob der neu gegründeten Menschenrechtskommission in der Friedensstadt und sichert ihm ihre Unterstützung zu.

Doch die netten Worten zeigen wenig Wirkung: Amerika will und will nicht näherrücken. Immer wieder gilt es, neue bürokratische Hürden zu überwinden. Für die Einreise benötige Mirin Dajo ein Visum, teilt man ihm mit. Das aber erhalte er innerhalb nützlicher Frist nur, wenn er einen entsprechenden Einladungsbrief in die Vereinigten Staaten vorlegen könne.

»Am besten von Albert Einstein«, sagt sich Dajo und schöpft neue Hoffnung. Die öffentlichen Friedensappelle des Jahrhundertgenies und Atombombengegners waren Wasser auf seine Mühlen. Vielleicht konnte er den Naturwissenschaftler für seine Mission gewinnen?

Unangemeldet macht sich Dajo kurz vor Weihnachten nach Schaffhausen zu Einsteins Wissenschaftlerfreund Paul Habicht auf. Und rennt dort offene Türen ein. Nach einem längeren Gespräch setzt sich Habicht an die Schreibmaschine und bittet seinen berühmten Bekannten um Hilfe: »Persönlich lernte ich Mirin Dajo als einen gewaltlosen Menschen kennen, der alles dafür einsetzen möchte, einen Krieg zu verhindern. Ich glaube, es wäre für Sie sehr wichtig, hier etwas zu tun, denn

Dajo ist jemand, der, obwohl nur Volksschulbildung, doch mit Chinesen redet, jeden versteht. Er macht gar nicht den Eindruck eines Geldmachers, sondern viel mehr denjenigen eines Menschen, der sich ganz dem Göttlichen fügt.«

Dajo doppelt nach: Eilends diktiert er Lüscher am 27. Dezember einen vierseitigen Brief an die *Princeton University* und versucht, Einstein sein Anliegen ans Herz zu legen. »Waffen aller Art können mir nicht das geringste zufügen«, betont er einmal mehr. Er erwähnt die Untersuchungen in den Kantonsspitälern von Basel und Zürich und bietet Einstein seinen Körper für weitere wissenschaftliche Tests an. Lüscher übersetzt Wort für Wort ins Englische.

Es ist nicht Dajos Stimme, die aus diesen Zeilen spricht. Auch wenn der Holländer seinen Namen darunter setzt. Zu unpersönlich abgefaßt, wird der Brief seinem speziellem Wesen nur annähernd gerecht. Doch Dajo setzt alles auf eine Karte. Er spürt, daß die Uhren für ihn schneller ticken. Die Zeit rinnt ihm durch die Finger. Drei Vorträge an Heiligabend. Zwei Vorträge an Weihnachten. Je einer am 26., 27., 28., 30. und 31. Dezember 1947. Der Holländer gönnt sich keine Pause. Und eröffnet Interessierten und Freunden erstmals seine Todesahnung: »Im Jahre 1956 wird meine irdische Mission beendet sein. Und bis dann wird der Menschheit der Frieden einigermaßen gesichert erscheinen. Dann werde ich mich auflösen und von dieser irdischen Welt für immer verschwinden. Eines Tages wird die ganze Welt dann vernehmen, wer Mirin Dajo wirklich war.«

Verwegene Pläne

Ein gefundenes Fressen – zumindest für die Journalisten der Zeitung *Nation*. In einem kritischen Artikel nimmt sie sich am

21. Januar 1948 des Holländers an – und löst damit massive Proteste ihrer Leserschaft aus. Einigermaßen verdutzt macht sich der Chefredakteur in die Villa Rogenmoser auf, um sich ein eigenes Bild des »Wundermenschen« zu machen. Überrascht nimmt er zur Kenntnis, daß »der sympathische Holländer mit den unschuldigen Kinderaugen und dem Christusbart« alles andere als ein neuer Sektengründer ist.

»Worin besteht dann Ihre Aufgabe?« will der Chef der *Nation* wissen, während er Dajo im Salon – umringt von Otter, Johnan und Rogenmoser – fasziniert beäugt.

»Ich bin ein normaler Mensch, der mit beiden Füßen auf der Erde steht. Die von Gott mir gegebene Aufgabe besteht darin, den Menschen zu zeigen, daß der Friede erst dann Wirklichkeit werden kann, wenn die Menschen keine Angst mehr haben. Mit meinen Experimenten will ich keine unterhaltsamen oder sensationellen Schaustellungen geben. Ich will damit nur den Beweis erbringen, daß man Angst und Furcht überwinden kann. Weil ich jedes Angstgefühl überwinden kann, werde ich in meinen Experimenten noch weiter gehen ...«

Der erfahrene Journalist beugt sich neugierig nach vorne. Er wittert schlagzeilenträchtige Sätze – und wird nicht enttäuscht.

»Wissen Sie«, meint Dajo in ruhigem Tonfall, »man kann nicht nur mit allerlei Waffen über mich herfallen, mich erschießen, erstechen oder erdrosseln. Ich bin auch bereit, mich unter einen Schnellzug zu werfen. Es wird mir nichts tun, denn ich kann mich dematerialisieren und wieder materialisieren.«

Wer war dieser Typ, daß er derartiges behaupten konnte, im Brustton der tiefsten Überzeugung? Der Chefredakteur kommt ins Grübeln. Hatte er einen Geisteskranken vor sich? Auf keinen Fall! Das sagte ihm seine langjährige Menschenkenntnis. Wer aber war dieser Mirin Dajo dann? Der Mann paßte definitiv in keine Schublade ...

»Warum bringen Sie Ihre Experimente und Ihre Mission dann ausgerechnet in einem Friedensland wie die Schweiz zum Ausdruck und nicht in einem vom Krieg heimgesuchten Land?«

»In einem Land, das den Krieg will, würde ich kein Gehör finden. Man würde mich nicht zu Wort kommen lassen. Übrigens ist die Schweiz wohl ein Land, das nicht vom Krieg heimgesucht wurde, doch verstehe ich unter dem wahren Frieden etwas anderes als das Leben in der Schweiz. Hier lebt jedermann in einer ständigen Angst, die Verhältnisse könnten sich ändern, die Bürger könnten plötzlich aus ihrem derzeitigen, bequemen Leben herausgerissen werden. Der Friede ist aber erst dann gesichert, wenn die Angst gebannt ist. Auch die Angst vor Gott.

Leider hat man mir in der Schweiz hemmende Polizeischikanen auferlegt, die meine Weiterarbeit verunmöglichen. Deshalb gehe ich nun nach Amerika, wo ich ganz neue, große Experimente durchführen will. Dabei werde ich mir alle modernen technischen Hilfsmittel, wie Film und Fernsehen, dienstbar machen. So hoffe ich der Menschheit beweisen zu können, daß niemand arm und krank sein muß, denn auch das sind nur Folgen der Angst.«

Zurück in der Redaktion der *Nation*, setzt sich der Chefredakteur an die Schreibmaschine und haut seine Eindrücke in die Tasten. Mirin Dajo hat »ehrliche Ansichten«, soviel ist ihm klar. Dennoch scheint ihm einiges nicht ganz geheuer – speziell Dajos Begleiter. »Man gewinnt so leicht den Eindruck, als seien sie doch eher geschäftstüchtige Manager, die allen Grund haben, sich auf die bevorstehende Amerikatournee zu freuen …«

Aus der Traum!

Die Enttäuschung ist groß. Ratlos sitzen die Holländer anfangs 1948 in der Villa Rogenmoser zusammen. In ihren Händen der persönliche Antwortbrief von Albert Einstein. Immer wieder überfliegen sie die paar kurzen Sätze, als mögen sie die ernüchternde Antwort nicht wahrhaben wollen. Eine Antwort, die ihren Amerikaplänen einen dicken Strich durch die Rechnung macht.

Statt des erhofften Einladungsschreiben hatte das Universalgenie die beigelegten Fotos an Dajo retourniert – verbunden mit ein paar mahnenden Sätzen: »Ich hoffe sehr, daß Ihre Leistungen mehr auf dem Gebiet des Zauberkünstlers liegen, und daß Sie sich nicht an dem Leibe versündigen, den Sie Ihrer Mutter verdanken. Ich kann natürlich nichts tun, um Ihnen bei Ihren Bestrebungen behilflich zu sein, weil ich sehr vorsichtig sein muß mit jeder Äußerung, die andere beeinflussen können. Ihre Fotos anbei zurück.«

Aus der Traum! Für Sekretär Lüscher bricht eine Welt zusammen. Es kommt zum Zerwürfnis. Die Holländer und er gehen in der Folge getrennte Wege. Unterstützt von Nationalrat und Bio-Pionier Albert Spindler erhalten die drei in der St. Galler Gemeinde Mogelsberg eine neue Aufenthaltsgenehmigung. Doch mögen sie im kleinen Städtchen keine Wurzeln schlagen: Rastlos reisen sie auch 1948 weiterhin quer durch die ganze Schweiz.

Heilungen im Kurhaus

Besonders häufig hält sich Mirin Dajo in dieser Zeit im Kurhaus der Familie Beutler auf der Vögelinsegg auf, wo sich auch sein Förderer Nationalrat Gottlieb Duttweiler gelegentlich blicken läßt. In der idyllischen Umgebung der Appenzeller Hügellandschaft tankt der Holländer neue Kraft. Und findet in der bekannten Naturärztin Frieda Beutler-Kauderer eine Seelenverwandte. Menschen aus aller Welt pilgern zu ihr: Schauspieler, Dichter und medial veranlagte Zeitgenossen. Alle schwören sie auf Friedas heilerische Fähigkeiten. Kerngesund treten viele von ihnen später die Heimreise an.

Die offene Geisteshaltung auf der Vögelinsegg läßt Dajos blaue Augen wieder leuchten. Bald lauschen Jung und Alt den Worten des asketischen, liebevollen Mannes, dessen Wesen neue Kräfte in ihnen weckt. Seine Wundertaten sprechen sich wie ein Lauffeuer herum. Oft platzt der Vortragssaal des Kurhauses aus allen Nähten, wenn der Holländer spricht – wenngleich Nationalrat Albert Spindler mit seinen ellenlangen gesanglichen Intros gerne übertreibt, wie sich Augenzeugen schmunzelnd erinnern.

Dajos Botschaft an die Patienten ist für die damalige Zeit ebenso revolutionär wie erstaunlich: »Wenn wir uns etwas Lustiges denken, dann müssen wir lachen; Ungewißheit und Sorgen furchen die Stirne, und Angst hat wiederum ihren besonderen Ausdruck. Wiederholen sich gleiche Vorstellungen oft, dann werden auch die Spuren bleibend. Nicht nur unsere Miene, sondern Gestalt und Haltung werden ihnen untertan.

Kurz: Wir finden, sofern wir nur wollen, tausendmal am Tage Gelegenheit zur Feststellung, daß der Körper auf unsere Vorstellungen blitzschnell reagiert. Solche, die wir sehr oft wiederholen, werden wir am Ende selbst; sie entschwinden dann dem Reiche der Denkbilder, weil sie in Fleisch und Blut auf der Erde herumwandeln. Entsetze sich daher niemand vor meinen Feststellungen, daß die Krankheit eine Schöpfung des Menschen und der Weg zur Heilung der sei, sie als solche bis auf den Grund zu erkennen.«

Immer wieder wird er in der Folge gebeten, mit seiner Geisteskraft zu heilen. Er tut es – ohne Geld dafür zu nehmen. Und der Erfolg ist überwältigend. »Als Kind kämpfte ich damals mit einer furchtbaren Angina«, erinnert sich Friedas Tochter Verena Müller-Beutler stellvertretend für viele. »Ich konnte kaum noch schlucken, so schlimm war meine Mandelentzündung. Mirin Dajo legte mir dann die Hände auf. Und der Schmerz war augenblicklich weg. Wie weggeblasen!«

Johnan fühlt sich in der paradiesischen Umgebung mit ihren grünen Hügeln ebenfalls pudelwohl – umso mehr, als er sich mit den Beutlers bestens verträgt. Ausgelassen treibt er mit den Kindern Allotria, gibt Späßchen zum Besten und flachst über seine Freunde. Im Gegensatz zu anderen Orten stößt seine flapsige Art hier auf Gegenliebe. Und so sollte es ihn auch später noch einige Male ins Kurhaus ziehen …

Mirin Dajo schaut dem Treiben lächelnd zu und genießt die Natur. Endlich glaubt er sich wieder auf dem richtigen Weg. Statt weitere Experimente mit seinem Körper zu tätigen, konzentriert er sich seiner inneren Stimme folgend stärker denn je auf seine Friedensmission. Und da er neben Behörden und Wissenschaftlern mittlerweile auch von den Kirchenvertreten mißtrauisch beäugt wird, hält er seine Vorträge nur noch in privaten Kreisen.

Organisiert werden die Veranstaltungen von seinen nächsten Vertrauten. Darunter Professor Robert Forster vom Technikum Winterthur mit Ehefrau Nelly, Bernhard Zwicky sowie Walter und Ruth Bührer vom Verein der *Freunde Mirin Dajos*. Gemeinsam mit dem Künstler Conrad Gubler aus Weinfelden und seiner Frau Martha bilden sie Dajos engsten Bekanntenkreis.

Besonders die Vorträge in Weinfelden geraten zu regelrechten Happenings. Die mystische Atmosphäre im altehrwürdigen Dachstock-Atelier von Maler und Bildhauer Gubler lockt die Anhänger zu Hunderten an. Speziell aus dem Raum Winterthur, woher Dajos Freunde oft in Cars anreisen. Kaum einer ahnt, daß die Tage des kleinen Mannes mit der großen Ausstrahlung zu diesem Zeitpunkt längst gezählt sind.

Dunkle Wolken ziehen auf

Das Unheil kündet sich im Frühling 1948 an. Fast ein ganzes Jahr waren Mirin Dajo, Johnan und Hylke Otter gemeinsam durch die Schweiz getingelt. Aus der »Dreieinheit«, wie sie sich scherzend nannten, war eine verschworene Männergemeinschaft geworden.

Dann aber muß Otter die Koffer packen: Eine heimliche Liaison mit einer Schweizerin hatte den Verheirateten in Teufels Küche gebracht. Umso mehr, als sich derlei Eskapaden in Dajos Umfeld gar nicht schickten. Das Geld reichte sowieso nicht für drei. Ein Eintrag im Gemeindearchiv von Mogelsberg zeugt noch heute davon, daß der Naturarzt im März 1948 durch die Schweizer Fremdenpolizei ausgewiesen wurde.

Die Trennung von seinem Mentor dürfte Dajo massiv verunsichert haben. Umso stärker hingezogen fühlt er sich in jener Zeit zu Ruth Bührer, deren Mann ihn oft als »Chauffeur« unterstützt. Ruths feinfühliges Wesen erinnert ihn an seine geliebte Mutter. In ihrer Nähe fühlt er sich geborgen. Die »liebe Ruth«, wie er sie zu nennen pflegt, schenkt ihm immer wieder wesensverwandte Momente, nach denen er sich so sehr sehnt.

Entsprechend groß ist seine Freude, als ihn die Bührers im April 1948 in ihr Heim in Winterthur aufnehmen – nachdem er zuvor für kurze Zeit wieder nach Holland zurückgekehrt war. Der mittelständische Haushalt des Schweizer Ehepaars entspricht seinem geliebten Elternhaus. »Weißt, liebe Ruth, ich bin lieber bei Dir«, zwinkert er ihr verschmitzt zu. »Da bin ich zu Hause. Da gehöre ich hin. Das ist viel schöner als in der Villa oder im Hotel. Außerdem kochst Du so fein ...«

Die junge Coiffeuse umsorgt den Holländer wie einen Bruder: Sie macht ihm den Haushalt, stutzt seinen Bart und verwöhnt ihn nach allen Regeln der Kochkunst. Das Wohnzimmer mutiert zum Gästezimmer. Notgedrungen duldet sie dort auch Johnan, wenngleich ihr der hagere Begleiter ob seiner derben Art mehr denn je ein Dorn im Auge ist.

Der Ansturm von Dajos Anhängern will auch in Winterthur kein Ende nehmen. Pausenlos klingelt das Telefon, immer noch geben sich Besucher aller Art die Klinke in die Hand. Doch obwohl erschöpft, bleibt der Holländer die Freundlichkeit in Person. Kein ungehaltenes Wort kommt über seine Lippen. Und wenn es ihm dennoch mal zu bunt wird, zieht er sich mit seiner Hängematte aufs Hausdach zurück, um in aller Ruhe »aus dem Körper auszutreten« und neue Kraft zu tanken.

In Gedanken kokettiert er mittlerweile mit einer achtzigtägigen Hungerkur. Unter Bewachung von zwei Beobachtern will er ohne Speis' und Trank fasten und plant, sich zu diesem Zweck die Lippen mit einem Golddraht zunähen zu lassen. Die Zeit drängt, denn seine Aufenthaltsbewilligung in der Gemeinde Mogelsberg läuft am 1. Juni 1948 ab. Dajo will in Winterthur um eine weitere Genehmigung nachsuchen, da er sich bei Bührers wohl fühlt. Doch dann kommt alles anders.

»Erschreckender Anblick«

Rückblickend läßt sich nur noch erahnen, wer ihm den Wahnsinn einredete. Insider munkelten, daß ein Privatmann Dajo eine beträchtliche Geldsumme geboten haben soll, falls der Holländer ein an einer Kugel befestigtes keilförmiges Stilett verschlucken würde. Andere Bekannte berichteten ergänzend, daß sich Dajo ursprünglich mit der Waffe im Bauch röntgen lassen wollte. Anschließend sah er offenbar vor, die Waffe mit seinen geistigen Kräften »verschwinden« zu lassen. Eine Operation durch Professor Alfred Brunner sollte diesen Umstand dann bestätigen.

Johnan bestritt später, seinem Freund bei der mörderischen Prozedur zur Hand gegangen zu sein. »Er hat es selbst getan!« betonte er immer wieder. Jedenfalls drängte er ihn regelrecht, das Instrument am 11. Mai 1948 in seinem Körper zu »dematerialisieren«. Vorerst mit Erfolg: Dajo schlug vor Johnans Augen munter Purzelbäume – mit dem Stilett im Bauch!

Exakte Informationen über das Unfaßbare hinterließ einzig sein Bekannter Traugott Egloff. Eindrucksvoll schildert er, was damals im ganzen Rummel völlig unterging: »Im Mai 1948 traf Mirin Dajo eines Mittags, blaß und übermüdet, aber sonst bei guter Stimmung, wiederum bei mir ein und setzte sich noch in Gegenwart seiner beiden Begleiter, die ihn im Auto hergebracht hatten und abends wieder abholen wollten, zu Tische.

Sie erklärten mir, daß er soeben zum Zwecke der Auflösung und späteren Zurückbildung durch und nach seinem Willen einen Spieß verschluckt habe, das heißt ein etwa 35 Zentimeter langes dolchartiges, konisch in eine haarscharfe Spitze auslaufendes Instrument mit einer Kugel als Griff, das sich nur mit Anwendung erheblicher Gewalt griffvoran ruckweise durch Schlund und Mageneingang hatte pressen lassen.

Unfaßbar, daß der vor mir sitzende blasse und etwas verlegen lächelnde Mensch eine solch mörderische Waffe, welche normalerweise bei der ersten ungeschickten Bewegung die schwersten Verletzungen hervorrufen mußte, in sich stecken hatte. Der Eindruck war umso unheimlicher, als sich Mirin

Dajo völlig unberührt davon auf die gewohnte Art und Weise bewegte und gar keine Rücksicht auf eine Gefahr nahm.

Kaum schloß sich hinter den Begleitern die Türe, so legte Mirin Dajo, sichtlich mit Brechreiz kämpfend, den Löffel nieder, um sich flach auf einer nahen Chaiselongue auszustrecken. Er bat, ich möchte mich in keiner Weise um ihn kümmern und meinen geschäftlichen Obliegenheiten nachgehen. So kam es, daß ich ihn an diesem Nachmittage nur für Augenblicke durch die halboffene Türe beobachten konnte.

Was ich jedoch erblickte, war so erschreckend, daß mich nur die Gewohnheit, Mirin Dajos Wünsche unbedingt zu achten, von einer Intervention abhielt. Da lag ein Mensch in tiefster Not, Schweißperlen auf der Stirne, schwer atmend und derart absorbiert, daß er nichts um sich herum bemerkte. Zeitweise machte er sogar, den Mund zur Hälfte geöffnet, die Lider über den nach oben gedrehten Augäpfeln halb geschlossen, das Antlitz blaß und der Brustkorb unbewegt, den Eindruck eines Toten.«

Doch Dajo denkt nicht ans Sterben. Bereits am Abend unterhält er sich wieder mit Egloff, um ihm zu erklären, was ihn zur unglaublichen Tat trieb: »Man verlangt von mir, daß ich sofort weitere Beweise liefere. Da mein ferneres Wirken davon abhängt, muß ich alles auf eine Karte setzen!«

Unglaublich, aber wahr: Kurz darauf geht es dem Holländer bereits wieder besser. Einem Arzt, der ihn nachts zu einer privaten Besprechung aufsucht, steht er in gewohnter Weise Rede und Antwort. Auch mit Johnan unterhält er sich angeregt. Zwar muß er sich kurze Zeit später übergeben – doch seiner guten Stimmung scheint dies keinen Abbruch zu tun. In gewohnter Manier setzt er sich in Gesellschaft zu Tisch, ißt mit bestem Appetit und gibt vergnügt einige Späßchen zum Besten.

Ab ins Spital!

Zwei Tage bewegt er sich mit der gefährlichen Waffe im Körper. Dann aber beginnt er Blut zu erbrechen. Stutzig geworden begibt sich Mirin Dajo mit Walter Bührer am 13. Mai 1948 ins Zürcher Kantonsspital – zu Professor Alfred Brunner. Der Chirurg erkundigt sich nach Dajos Beweglichkeit. Vor den Augen des Arztes vollführt der Holländer willig Liegestützen und Kniebeugen, wie sich Ruth Bührer erinnert.

Ein Röntgenbild wird angefertigt: Der Stilettknauf steckt im Magen, die Klinge ragt in die Speiseröhre. 16 000 Leukozyten werden in Dajos Blut gezählt – was auf einen leichten Infekt hindeutet.

Die Mediziner überlegen sich, die Klingenspitze mit einer Fremdkörperzange aus dem Rachen zu ziehen. Eine weitere Untersuchung macht diesem Plan einen Strich durch die Rechnung: Die nach oben ragende Klinge hatte die Speiseröhrenwand durchstoßen und war bereits zehn Zentimeter tief ins umliegende Gewebe eingedrungen – offenbar bis an die Halsschlagader, wo sie diese womöglich angestochen hatte. Aus der Öffnung fließt ohne Unterlaß Blut in die Speiseröhre, so daß sich Dajo erneut übergeben muß. Eine Operation ist unumgänglich.

Der Holländer zögert – und willigt schließlich ein. Zum Erstaunen der Mediziner wünscht er so behandelt zu werden wie jeder andere Patient auch. Er läßt sich Morphium spritzen und stimmt auch einer intravenösen Narkose zu. In der *Schweizerischen Medizinischen Wochenschrift* wird die Operation später genau beschrieben: Mit einem kleinen Schnitt wird die Bauchhöhle geöffnet, das Stilett an der Griffkugel vorsichtig aus dem Magen herausgezogen.

»Wir waren uns sofort darüber klar, daß noch eine Verletzung der Speiseröhre vorhanden war«, protokolliert Professor

Brunner. »Da klinisch zu jenem Zeitpunkt nicht die geringsten Zeichen einer Mediastinitis (Infektion) vorhanden waren, war man sicher berechtigt, konservativ vorzugehen.« Eine fatale Entscheidung. Immerhin hatte man zuvor 16000 Leukozyten in Dajos Blut gezählt!

Prophylaktisch wird nach der Operation eine intensive Behandlung mit Penicillin und Elkosin angeordnet. Dajo erhält zu diesem Zweck eine intravenöse Dauertropfinfusion. Für die kommenden Tage dürfe er keinerlei Nahrung zu sich nehmen, wird ihm eingeschärft.

Am nächsten Tag verlangt er nach Wasser. Ohne Erfolg. Der Holländer reagiert eigenwillig: Er schnappt sich den Infusionsbeutel mit der medikamentösen Kochsalzlösung und trinkt ihn in einem Zug aus. Dann unterschreibt er eine Verzichtserklärung und löscht seinen Durst fortan mit normalem Wasser. Einen weiteren Tag später geht es ihm bereits wieder so gut, daß er entlassen werden kann. Gut gelaunt spaziert er mit Johnan durch Zürich.

Eilends sucht er den Zürcher Psychiater Hans Naegeli-Osjord auf, der seinen Fähigkeiten offen gegenüber steht. Wie Naegeli-Osjord dem Dortmunder PSI-Experten Professor Alfred Stelter erzählte, wollte ihn Dajo dafür gewinnen, seine weiteren Versuche ärztlich zu kontrollieren: »Dr. Naegeli-Osjord untersuchte Dajo zunächst, insbesondere die Operationsstelle. Die Wunde war zweieinhalb Tage nach der Operation in dem Maße verheilt wie eine entsprechende Operationswunde normalerweise nach drei Wochen!«

Eine Woche später meldet sich Dajo wieder im Spital. Zur Entfernung der Operationsfäden. »Im Allgemeinbefinden ist uns nichts besonderes aufgefallen«, notiert sich Professor Brunner. Von einer erneuten Blutuntersuchung zur Abklärung einer möglichen Infektion ist im offiziellen Bericht seltsamerweise keine Rede. Die aber wäre bereits bei der Entlassung zweifellos notwendig gewesen – umso mehr, als schon bei der Einlieferung Hinweise auf eine leichte Infektion vorlagen und Dajo die entsprechenden Medikamente ja eigenhändig abgesetzt hatte.

»Etwas Außergewöhnliches kündigt sich an«

Dajo selbst fühlt sich weiterhin wohl – und zieht sich wieder in die Wohnung von Walter und Ruth Bührer nach Winterthur zurück. Doch er wirkt ernster als sonst. »Irgend etwas Außergewöhnliches kündigt sich an«, mutmaßen seine Schweizer Freunde sorgenvoll. Auch den Journalisten der Schweizer Zeitung *Tat* schwant Ungutes, als er ihnen um den 19. Mai 1948 einen spontanen Besuch abstattet, »die blauen Augen teils naiv und gutmütig, teils unnatürlich in ihrem Spiel auf uns gerichtet«.

Der Holländer berichtet ihnen über seine Operation und denkt bereits wieder in der Zukunft: »Als wir Mirin Dajo mit einer rührenden Unerschütterlichkeit über seine kommenden Aufgaben und Pläne sprechen hörten, fürchteten wir, daß dieser Mann, so wie er durch seinen Glauben Unwahrscheinliches überlebte, durch seinen Glauben ums Leben kommen könnte.«

Zurück bei Bührers verlangt der Holländer eine genau beschriebene Diät bestimmter Säfte und Früchte. »Für die Demonstration in ein paar Tagen muß ich diese Nahrung zu mir nehmen«, orakelt er. Seinem Freund Johnan verbietet er gleichzeitig das Rauchen in seiner Nähe: »Bei meiner kommenden Demonstration werde ich von so viel Rauch umgeben sein, daß ich jetzt lieber keinen Rauch um mich habe. Das wirst Du später schon begreifen.«

Kurz darauf die unmißverständliche Botschaft: »In einer

Weile werde ich nicht mehr ständig bei Dir sein, und Du wirst oft allein in meinem Namen arbeiten müssen. Aber Du bist nun soweit, daß ich alles durchgeben kann, wie ich es gesagt haben will.«

In jenen Tagen trifft ihn sein Vertrauter Traugott Egloff zum letzten Mal: »Als er einige Tage später nochmals bei mir vorsprach, war Mirin Dajo lebhaft und fröhlich wie immer, aber von erschreckender Blässe. Mitten im Gespräch über seine Zukunftspläne sackte er, wie vom Blitz getroffen, im Lehnstuhl zusammen. Der Kopf sank vornüber, die Arme fielen schlaff herunter. Indes sprach er, bevor jemand aufspringen und Hilfe holen konnte, weiter und entschuldigte die Störung damit, daß er für einen Augenblick seinen Körper verlassen habe.

Nachdem er sich, angeblich zum selben Zwecke, für etwa eine halbe Stunde niedergelegt hatte, erschien er wieder im Zimmer, um Abschied zu nehmen. Ein fester Druck der Hand, ein freundliches Nicken noch, und ich hatte Mirin Dajo zum letzten Mal gesehen.«

Tragische Entdeckung

Auch Johnans Frau ahnt im fernen Holland Ungutes. Auf Geheiß ihres Mannes fliegt sie am 26. Mai 1948 in die Schweiz. Just vor ihrer Ankunft schwirrt Mirin Dajo plötzlich der Kopf. Statt wie geplant mit Johnan und Walter Bührer Richtung Flugplatz zu fahren, legt er sich um die Mittagszeit auf sein Bett, um wie so oft in derlei Situationen »auszutreten«.

»Ihr braucht keine Angst zu haben«, raunt er Johnan und der »lieben Ruth« zu. »Ich bin bald zurück.« Seine körperlichen Ekstasen waren für beide längst Normalität. Kein Grund zur Beunruhigung also. Als ihn Ruth am nächsten Tag in seinem

Zimmer aufsucht, liegt er denn auch regungslos da. Mit einem Lächeln im Gesicht.

Ruth Bührer zuckt ratlos mit den Schultern. »Falls etwas geschieht, dürft Ihr mich nicht vor drei Tagen hergeben oder jemandem davon berichten«, hatte ihr Dajo immer wieder eingebläut. »Der Geist ist noch drei Tage an den Körper gebunden.« Verlegen berührt die Winterthurerin Dajos Körper. Er fühlt sich immer noch warm an. Die Arme lassen sich mühelos bewegen. Ruth tut wie ihr aufgetragen – und wartet ab.

Doch auch am dritten Tag will die »Entrückung« kein Ende nehmen. Dajos Haut weist plötzlich dunkle Flecken auf. Johnan wird nervös. Und Ruth Bührer schwant Fürchterliches. Während sie mit den Tränen kämpft, alarmiert ihr Mann Professor Robert Forster und Bernhard Zwicky. Man informiert einen Doktor. Der Arzt betastet den leblosen Körper des 35-Jährigen. Fühlt nach dem Puls. Und senkt betroffen die Augen.

»Meine Freunde, Mirin Dajo ist tot.«

Kremierung in Winterthur

Die Kunde vom Tod ihres Sohnes erreicht die Eltern in Holland. Überstürzt brechen sie in die Schweiz auf. Der Regen will auf ihrer Reise kein Ende nehmen. In Basel werden sie von Bernhard Zwicky abgeholt. Dann geht es mit dem Zug über Zürich nach Winterthur. Je näher der Ankunftsort rückt, desto mehr klart sich das Wetter auf – in einem Land, »das wie ein Paradies an Schönheit, Wohlfahrt und Sauberkeit ist«, wie Vater Henskes am 31. Mai 1948 in einem Brief an seine Bekannten in Holland bewegt schreibt.

Am Bahnhof in Winterthur haben sich Dajos engste Bekannte versammelt. Der Empfang ist herzlich. Tapfer spricht man sich Mut zu. Ein Lächeln hier, ein paar tröstende Worte da. »Johnan ist in dieser Woche mager geworden, gleichwohl guten Mutes«, rapportiert Vater Henskes in telegrammähnlichem Stil Richtung Heimat.

Nach einem kurzen Imbiß begibt er sich zum Kirchhof, wo Mirin Dajos schwarzer Holzsarg in einem Kühlraum lagert. »Keiner ist betrübt, denn niemand glaubt, daß Mirin Dajo tot ist«, notiert er. »Wohl ist Arnold Henskes offiziell verstorben, was von hier auch amtlich an die Behörden in Haarlem gemeldet wurde. Also: Arnold Henskes ist weg, wie es Mirin Dajo wünschte.«

Nach reiflicher Überlegung einigen sich die Eltern auf eine Einäscherung – obwohl sich ihr Sohn gegenüber Ruth Bührer eine Beerdigung gewünscht hatte. Die Urne wollen sie in ihre Heimat mitnehmen. Immerhin hatte Dajo vor seinem Ableben von Rauch gesprochen. Und im Gegensatz zu Holland wurde in Winterthur mit Feuer kremiert, wie Vater Henskes erstaunt zur Kenntnis nimmt: »Also offensichtlich sein Auftrag, einzuäschern. Auch deshalb dazu entschieden.«

Die Beerdigung findet am 1. Juni 1948 statt. Geplant war sie im engsten Kreis. Doch aus allen Gegenden der Schweiz strömen Freunde und Bekannte nach Winterthur. Ein Auto nach dem anderen fährt vor dem Krematorium vor.

Auf einer Art Podium liegt Dajos Holzsarg. Ein prächtiger Kranz aus Rosen schmückt ihn – ein Abschiedsgruß von *Corso*-Direktor Hans Hubert. Dajos Eltern legen drei weiße Rosen dazu. Professor Forster ergreift das Wort. Nationalrat Spindler rezitiert ein Gedicht. Und dann spricht Vater Henskes den Anwesenden Trost und Mut zu. Er legt ein Foto seines Sohnes auf den Sarg.

»Die Stimmung war sehr gut und voller Verständnis für den außergewöhnlichen Fall«, schreibt er seiner Verwandtschaft später. »Überhaupt keine Trauer oder Wehklagen. Nur das

Bewußtsein eines großen Geschehnisses, zu dem man sich angesichts der noch in Gang befindlichen Prozession (wie MD dies alles genannt hat) und der Anwesenheit der Presse nicht zu offen äußern konnte.«

Mirin Dajos Lied erklingt. Nelly Dräger hatte die wehmütige Melodie speziell für ihn komponiert. Zwei Schiebetüren öffnen sich und geben den Blick auf einen düsteren Raum frei. Feierlich bewegt sich der Sarg nach unten. Die Zeit scheint still zu stehen. Die Klappen schließen sich. Flammen und Rauch umschlingen den Körper. Die Musik schwillt zu voller Lautstärke an.

Gefaßt strömt die versammelte Menge ins Freie. Kaum einer glaubt an einen definitiven Abschied. Zu stark lebt die Erinnerung an Mirin Dajo weiter. Und die Hoffnung, daß er lediglich Arnold Henskes' Körper verließ. »Überzeugt, daß man nun abwarten muß, was geschehen wird«, notiert Vater Henskes. »Auch jetzt spricht man zwar untereinander, aber nicht öffentlich über die Erwartung, was geschehen soll …«

Die Behörden werden aktiv

Der Schock sitzt tief. Kaum einer von Dajos Freunden mag glauben, was geschah. Auch die Behördenvertreter schütteln verstört den Kopf. Die Fragen wollen kein Ende nehmen: Woran war der Holländer gestorben? Hätte sein Tod verhindert werden können? Wer half ihm, das Stilett hinunterzuwürgen? War am Ende gar Professor Brunner am Unheil schuld? Hatte er bei der Notoperation gepatzt? Ein Gerücht jagt das nächste.

Die Bezirksanwaltschaft Winterthur leitet am 2. Juni 1948 ein Verfahren ein, um die näheren Umstände von Dajos Ableben auszuleuchten. Noch vor der Verbrennung hatte sie die Leiche behördlich beschlagnahmt und ins Krematorium überführt. Dort wurde im Beisein von sechs Ärzten eine gerichtsmedizinische Untersuchung durchgeführt. Jetzt soll geklärt werden, ob Drittpersonen am Tod des Holländers mitschuldig waren.

Dies gelingt nur bedingt: Eine Verfügung der Behörden vom 28. September 1948 (»betreffend außergewöhnlicher Todesfall«) spricht nach Abschluß der Untersuchung zwar vieles an – aber längst nicht alles aus: »Die Bekannten des Verstorbenen erklärten, er sei um die Mittagszeit des 26. Mai 1948 ›mit dem Geist aus dem Körper getreten‹, nachdem er sich auf seinem Lager niedergelegt habe. Beim Verblichenen hätten sie oft solche Erscheinungen beobachtet. Er sei jeweils wie leblos gewesen, und dieser Zustand habe mehrmals bis zu 24 Stunden gedauert. Aus diesem Grunde hätten sie sich vorläufig nicht veranlaßt gefühlt, einen Arzt beizuziehen. Erst am Morgen des 28. Mai 1948 seien ihnen am Körper des Verstorbenen ungewöhnliche Veränderungen aufgefallen.

Sie hätten festgestellt, daß sich die Umgebung einer alten Operationsnarbe aus dem Jahr 1937 schwarz verfärbt habe. Trotzdem hätten sie noch an die ›Rückkehr des Geistes in den Körper‹ geglaubt und einstweilen zugewartet, um erst am Abend des 28. Mai 1948 Privatarzt Dr. med. Hauser beizuziehen. Dieser habe den Eintritt des Todes festgestellt.« Wie die Gerichtsmediziner ergänzend protokollieren, dürfte Dajos Tod bereits am Mittag des 26. Mai eingetreten sei: »Todesursache ist eine innere Blutung in die linke Brustfellhöhle, ausgehend von einer Arrosion der großen absteigenden Körperschlagader durch einen Abszeß, der im Anschluß an mehrfache Durchstechungen der Speiseröhre eingetreten war.« Kurz: Ein bei der Operation übersehener Entzündungsherd an der durchstochenen Speiseröhrenwand breitete sich allmählich bis zur ebenfalls angestochenen Aorta aus, ließ diese bersten – und Dajo innerlich verbluten.

Ausdrücklich wird im Gutachten darauf hingewiesen, daß der Tod des Holländers in keinem Zusammenhang mit seinen Körperdurchstechungen stehe. Vielmehr sei sein Ableben einwandfrei zurückführbar »auf das letzte Experiment des Verstorbenen, das er offenbar allein ausführte«. Gleichzeitig wird auch Professor Brunner im Bericht entlastet. Mit einem merkwürdig kurzen Statement: »Irgendein Zusammenhang zwischen der vorgenommenen Operation und der Todesursache besteht nicht.«

Auch Dajos engste Mitstreiter werden am 28. September 1948 von jeder Schuld freigesprochen: »Da keine Anhaltspunkte dafür bestehen, daß Drittpersonen beim letzten, zum Tode führenden Experiment mitwirkten (auch nicht im Sinne einer Suggestion), und somit ein Delikt nicht angenommen werden kann, ist das Verfahren unter Übernahme der Kosten auf die Staatskasse einzustellen.«

Narben ohne Ende

Für die pathologisch-anatomische Diagnose sowie das entsprechende Gutachten zeichnet Professor Brunners Kollege Dr. E. Hardmeier verantwortlich. Jeden Winkel von Dajos Körper sucht er nach Spuren und Narben ab. Immer wieder schüttelt er während der Untersuchung erstaunt den Kopf. So etwas war ihm noch nie unter die Augen gekommen:

Hautnarben an den Oberarmen und an den Händen, Hautnarben an Unter- und Oberschenkel. Zahlreiche ältere Durchstechungsnarben in der Leber, in beiden Nieren, im Zwerchfell und im sogenannten Perikard. Eine Durchstechungsnarbe an der Herzspitze – ohne Eintritt in die Herzkammer. »Hautsubstanzdefekte« an beiden Waden. Flächenhafte Verwachsungen des rechten Lungenunterlappens mit der

Brustkorbwand und dem Zwerchfell. Und so weiter. Nur Magen, Darm und Schädel waren bei den Experimenten verschont geblieben.

Der Zürcher Arzt macht aus seinem Unverständnis über Dajos Auftritte kein Hehl – im Gegensatz zu Professor Brunner, den der Holländer im Laufe der Zeit zunehmend zu faszinieren vermochte. In teilweise fast schon zynischem Ton berichtet Hardmeier in seinem Gutachten in der *Schweizerischen Medizinischen Wochenschrift* 1949 über den Verstorbenen, »der übrigens vom Psychiater Prof. Glaus als ›verschrobener Fanatiker mit überwertigen Ideen‹ bezeichnet wurde«.

Hardmeiers Häme kommt nicht von ungefähr: Monatelang hatte der Holländer die Schulmediziner mit seinem sanftmütigen Lächeln in Atem gehalten, ihr Weltbild drohte ins Wanken zu geraten. Nun war er seiner Experimentierfreudigkeit zum Opfer gefallen. Allen ärztlichen Warnungen zum Trotz. Und so gab es natürlich auch Mediziner, die ihrer Schadenfreude freien Lauf ließen. Auch wenn viele Fragen offen blieben und schnell in Vergessenheit gerieten.

Anders die Journalisten. Von Beruf aus eigentlich kritisch, mögen sie ihre Sympathie für Mirin Dajo auch nach dessen tragischem Tod nicht verhehlen. So spricht die *Neue Zürcher Zeitung* in ihrem Nachruf vom 31. Mai 1948 vielen Lesern aus der Seele: »Der Mann, der aus Holland in die Schweiz gekommen war, wo er erst im ›*Corso*‹ – einen ›Tempel Gottes‹ hat er das Variété-Theater getauft – auftrat, dann durch Vorträge und Experimente am eigenen Körper die Menschheit darüber zu belehren versuchte, daß der Geist den Körper beherrschen könne, hat hier einen Kreis von Anhängern gefunden, die in ihm einen Propheten und Friedensapostel verehrten.

Als ›Fakir‹ von vielen bewundert, aber auch belächelt, ist ihm eine schöne Seite nicht abzusprechen: Eben dieser feste Glaube an höhere Werte, die er mit einer gewissen hypnotischen Kraft den Variété- und Vortragssaalbesuchern aufzudrängen versuchte. Die gerichtsmedizinische Untersuchung hat die Umstände, die seinen Tod herbeiführten, an den Tag gebracht. Das ›Rätsel Mirin Dajo‹ aber wird wohl kaum je gelöst werden können.«

Ähnlich klingt es im Nachruf der Basler *Nationalzeitung*: »Unsere Zeit ist um eine ungewöhnliche Persönlichkeit ärmer geworden«, schreibt sie am 31. Mai 1948. »Seit seinem ersten Auftreten auf Schweizer Boden vor Jahresfrist in Zürich hat er die Öffentlichkeit unseres Landes immer wieder beschäftigt. Wer Mirin Dajo nach dem Sinn seiner Experimente fragte, erhielt in der Anwort Zeugnis von einem unerschütterlichen Glauben an die Macht des Geistes, der über den Schmerz des Leibes und über die Materie triumphiere. Er war erfüllt vom Gedanken, aus vielen Millionen Menschen zu Großem auserkoren zu sein, er fühlte sich als von Gott gesandt, und der religiöse Gedanke, der ihn erfüllte, war, berufen zu sein, der Menschheit den Frieden zu bringen.

In kleinen Zirkeln erläuterte er, von Anhängern als Gast geladen, seine Ideen und sprach auch von seinen Plänen: Nach Amerika beabsichtigte er zu reisen, um dort noch viel aufsehenerregendere, tollkühne Experimente zu wagen. In letzter Zeit spielte er mit dem Gedanken, sich unter eine Straßenwalze zu legen, um seine Unverletzbarkeit zu beweisen, oder sich vorübergehend in die Tiefe des Sees versenken zu lassen.«

»Es hat einen gegeben, der es gewollt hat ...«

Nationalrat Gottlieb Duttweiler kommt ebenfalls nicht umhin, dem kuriosen Mann auf der Frontseite der Zeitung *Brückenbauer* ein Denkmal zu setzen. Ein bewegender Nachruf, der zeigt, wie fest »Dutti« mit Dajo sympathisierte:

»Wohl wußte die Wissenschaft Erklärungen für alles, aber keine, die ganz zu überzeugen vermochte. Die Frage bleibt offen, ob Mirin Dajo die Erkenntnisse der Wissenschaft vom menschlichen Körper erschütterte, oder ob diese Wissenschaft in ihren Erklärungen dem Phänomen Mirin Dajo Meister wurde. Aber auch den Predigern des Wortes war Mirin Dajo unerwünscht. Das greifbare Wunder erbaut nicht so sehr wie das mystische, das sehr fern und über dem Alltag steht.

Daß den Kantonsbehörden, insbesondere einer Fremdenpolizei, außergewöhnliche Phänomene unerwünscht vorkommen, ist ebenso verständlich, wie es klassisch ist, daß alles, was höheren Geistes ist, den hiesigen Bürokratius zum Verfolger hat.

Ich habe Mirin Dajo gekannt. Er war ein sauberer, klarer Mann; daran änderte die diskutable Umgebung nichts. Es gibt biblische Beispiele für eine ähnliche Mischung des Reinen mit dem Unreinen. Ich weiß auch, daß es Mirin Dajo selbst nicht um das Geld ging. Ich weiß es sicher.

Mirin Dajo folgte der Aufforderung der Schrift, mit seinem Talent zu wuchern – bis zum bitteren Ende. Immer wieder und in allen Formen trat der Wille zutage, die empfangenen außergewöhnlichen Gaben in den Dienst der Menschheit zu stellen, und zwar gleich in den ihres höchsten Anliegens: des Friedens. Er sah und beschritt den Weg zu diesem unerhörten Ziel in immer neuen Beweisen der absoluten Herrschaft des Geistes über die Materie und schlug dabei sein Leben immer verwegener in die Schanze. Der Beweis der Entmaterialisierung des Körpers schien ihm notwendig, um in der Menschheit den Glauben an seine Friedenssendung in solcher Stärke zu erwekken, daß er Gewalt gewänne gegen den Geist der Gewalt und der Zerstörung.

Ich sagte, der Glaube an seine Mission oder der Unglaube seiner Mitmenschen habe ihn in den Tod geführt. Es war für ihn unerklärlich, daß alle die unglaublichen Beweise der Herrschaft des Geistes über den Körper in weiten Kreisen verhöhnt wurden. Das reizte ihn, den Schritt von dem ihm Gegebenen und Möglichen zu dem zu tun, was ihm Gott versagte.

Armer Mirin Dajo! Du bist in eine Welt gekommen, der es bei Wundern unbehaglich ist. Dort, wo das ›Wunder‹ aufhört, nur Neugierde und Staunen an einer Schaustellung zu sein, und der tiefste Ernst anfängt, dort wendet sich der Sterbliche von heute ab. Es ist doch alles so wohl eingerichtet. Die wissenschaftlichen Erkenntnisse geben dem Ganzen Halt und Rahmen. Wie störend sind neue Erkenntnisse, die das Wohlgeordnete mit Umsturz bedrohen!

Armer Mirin Dajo! Du warst in unserer Welt ein unbequemer, unerwünschter Gast. Unsere Welt hat genug der Wunder. Unvorstellbarer Wunder … der Zerstörung. Wer weiß, ob wir nicht das einfachste Wunderding schon besitzen, jenes, das unseren Planeten zu vernichten droht? So weit sind unsere Wunder gediehen, daß die Wissenschaftler keine Gewähr mehr übernehmen, ob nicht bei einem ihrer wunderbaren Experimente durch Kettenreaktionen der ›Friede‹ werde – durch den Untergang.

Es hat nicht sollen sein, daß ein Wunder geschehe für den Frieden, für den Sieg des Lebens. Aber, bei Gott, es hat einen gegeben, der es mit Leib und Seele gewollt hat – bis in den Tod …«

Gewaltiges Echo

»Hier hat Herr Duttweiler etwas Liebes geschrieben über ihren Sohn!« Der Mann schwenkt den *Brückenbauer* in der Hand und drückt ihn Vater und Mutter Henkes es in die Hand. Gerührt lesen die Eltern jede Zeile. Ob man davon allenfalls noch einige weitere Exemplare erhalten könne, fragen sie ihre Schweizer Freunde, bei denen sie gerade zum Essen weilen. »Wir wollen die Zeitungen unseren Freunden in Holland mitbringen.«

Nicht nur unter Dajos Verwandten und Bekannten stößt Duttweilers Nachruf auf Echo: Der Artikel löst eine regelrechte Flut von Leserbriefen aus. Aus allen Regionen des kleinen Landes erreichen den Nationalrat Zuschriften – zu seiner eigenen Verblüffung. Ob des Wirbels sieht er sich genötigt, am 13. August 1948 öffentlich auf die Reaktionen einzugehen.

»Neun von zehn Zuschriften waren erfüllt von wahrem Verständnis für jenen kleinen Mann« schreibt Duttweiler. »Man dankte mir für meinen ›Mut‹, nämlich, daß ich positiv Stellung zu nehmen wagte zum eben dahingegangenen Menschen Mirin Dajo! Viele entschuldigten ihn mit den Worten: ›Er hat es ja nur gut gemeint.‹ Viele verehren ihn inbrünstig, aber niemand so, daß es mit christlichem Denken unvereinbar wäre. Aus den vielen sympathisierenden Briefen aber ging eines deutlich hervor: Die Schreiber und Schreiberinnen waren dankbar für das durch Mirin Dajo angeregte geistige Erlebnis. Das allein scheint in unserer nüchternen Welt schon etwas, wofür man Grund hat, dankbar zu sein.«

Doch es hagelt auch Kritik. Vor allem erboste Protestanten machen dem Nationalrat die Hölle heiß. Mirin Dajo war in ihren Augen ein Ketzer – weil er den Leuten aus dem Herzen sprach und lebte, was er verkörperte. Ganz im Gegensatz zu manchem Kirchenvertreter. In ihren Briefen titulieren die Schreiber Duttweiler mit derart wüsten Beschimpfungen, daß ihm beim Lesen der Kragen platzt.

Erbost kontert er: »Wie soll uns ein Gläubiger, der an eine Friedensmission glaubt – und wenn es eine ›Irrlehre‹ wäre – und sie mit friedlichen Worten und mit Taten verfolgt, die nur das eigene Leben gefährden und nicht das anderer, nicht näher stehen als Fanatiker, die im Namen der christlichen Lehre in Blut denken? Sollen wir einen Ghandi verurteilen, statt ihn zu verehren, weil er durch lebensgefährlich langes Fasten vor allem Volk, ja der Weltöffentlichkeit zeigte, daß Gott ihn als mächtigen Zeugen des Geistes über der Materie am Leben erhielt und ihm vermehrte Überzeugungskraft verlieh durch bewiesene Opferbereitschaft für seinen Glauben – bis in den Tod?«

Die Ehre, in der die aufgeklärte Christenheit Ghandi hielt, gereiche ihr selbst zu Ehre, betont »Dutti« abschließend. Und spannt den Bogen weiter:

»Ehre dem kleinen Mirin Dajo, daß er die außergewöhnlichen Gaben, die ihm verliehen waren, auf seine Art für das große Ziel einsetzen wollte! ›Wer unter Euch ohne Sünde ist, werfe den ersten Stein.‹ Die Schriftgelehrten und Pharisäer warfen damals den ersten Stein *nicht* – auf den toten kleinen und dennoch großen Mirin Dajo *sind* Steine geworfen worden.«

II.

Spurensuche

Mysteriöse Zufälle und eine
handfeste Überraschung

Johnan lebt!

Der entscheidende Tip kam aus Holland. Nach monatelangen Recherchen in Bibliotheken, bei Behörden und Wissenschaftlern verhalf er mir zu dem Mann, mit dem ich nie gerechnet hätte. »Jan de Groot lebt noch«, erfuhr ich von einem Dajo-Kenner – und glaubte meinen Ohren nicht zu trauen: Über 50 Jahre waren seit dem Tod von Arnold Henskes vergangen. Konnte dies überhaupt möglich sein?

Ich begann zu rechnen. Johnan, wie ihn Dajo liebevoll genannt hatte, mußte heute stattliche 89 Jahre alt sein. Unzählige Fragen schossen mir durch den Kopf: Wie war es ihm in den letzten Jahrzehnten ergangen? Wie stand es um seine Gesundheit und sein Erinnerungsvermögen? Mochte er überhaupt mit mir sprechen? Und wo wohnte er? Immerhin gab es in Holland Dutzende von Jan de Groots, wie mir ein Blick ins elektronische Telefonbuch verriet.

Noch etwas ließ mich hellhörig werden: Laut meinem Informanten schrieb de Groot offenbar an seiner Autobiographie. Was für ein Zufall, dachte ich mir: Zehn Jahre lagerten in meinem Archiv einige alte Zeitungsausschnitte über Mirin Dajo. Irgendwann, so sagte ich mir immer wieder, gehört die Story sauber dokumentiert. Niemand hatte sich in all den Jahrzehnten die Mühe gemacht, die damaligen Ereignisse lükkenlos festzuhalten. Über all die Jahrzehnte schwieg de Groot. Und nun recherchierte ich plötzlich, während er offenbar die Öffentlichkeit suchte.

Der nächste »Zufall« ließ nicht lange auf sich warten: Jahrelang fand sich im Internet außer ein paar belanglosen Sätzen kein Sterbenswörtchen über den Holländer. Die dürftigen Zeilen kannte ich längst auswendig. Doch wenige Wochen später stachen mir beim Surfen wie aus dem Nichts zwei nagelneue Hinweise in die Augen: Der eine kündigte einen Vortrag de Groots in Amsterdam an, am 9. November 2003 – sein erster überhaupt. Und der andere enthielt im Zusammenhang mit Dajo einen Internet-Forumseintrag eines gewissen Marc de Groot.

Ich haute in die Tasten. Und erhielt wenige Tage später ein Mail – von Johnans Enkel: Mein Interviewwunsch war auf fruchtbaren Boden gefallen. Sein Großvater freue sich auf einen Telefonanruf von mir, schrieb Marc. Ich zückte den Hörer, wählte die Nummer – und sprach mit dem Mann, der Arnold Henskes wie kein anderer kannte.

Ich erwartete einen alten, gebrochenen Menschen. Statt dessen empfing mich am Telefon eine muntere, freundliche Stimme. »Besuchen Sie mich doch einfach, und ich werde Ihnen alles erzählen«, versprach Jan de Groot in hervorragendem Deutsch. Das ließ ich mir nicht zweimal sagen. Ich buchte den nächstmöglichen Flug nach Amsterdam.

Lokaltermin in Haarlem

Haarlem liegt rund 20 Kilometer entfernt von Amsterdam. Jede Viertelstunde fährt ein Zug ins Zentrum der niederländischen Metropole. Von dort sind es mit der U-Bahn gerade mal zehn Minuten ins malerische Städtchen.

Noch ticken die Uhren in Haarlem anders. Cafés aller Art und moderne Einkaufsläden wechseln sich ab mit verträumten Backstein-Häuschen, verwinkelten Kanälen und historischen Bauten. Die Hotels sind an einer Hand abzuzählen. Dennoch haben in den letzten Jahren immer mehr Touristen den idyllischen Ort entdeckt. »Mit der Gemütlichkeit ist es hier wohl bald vorbei«, murmle ich gedankenverloren vor mich hin. »Zum Glück!« entgegnet der Taxichauffeur, der mich Richtung Bloemveldlaan kutschiert, wo Jan de Groot bis heute wohnt. »Diesen Sommer ist besonders viel los«, strahlt der Fahrer händereibend und setzt mich nach einigen Umwegen vor einem hübsch bepflanzten niedrigen Reihenhäuschen ab – zum »Spezialtarif«, versteht sich.

Jan de Groot erwartet mich bereits im Türrahmen. Er lächelt. Wieder wundere ich mich: Der Mann sieht allenfalls aus wie 75. Das Alter scheint es gut mit ihm zu meinen. »Kommen Sie doch herein«, winkt er mit einer einladenden Handbewegung. »Wir haben viel zu besprechen.«

Den ganzen Nachmittag verbringe ich bei ihm, löchere ihn mit Fragen, lausche seinen Erinnerungen. Und bald scheint es mir, als ob Mirin Dajo jeden Moment durch die Türe eintreten würde, um sich zu uns zu gesellen. Derart lebendig weiß Johnan von seinem verstorbenen Freund zu berichten.

Seit 1942 wohne er mit seiner Familie in diesem Haus, erzählt er mir. »1946 zog auch die Familie Henskes vorübergehend hierher, ins Haus nebenan. Und so wohnten wir damals Tür an Tür. Eine wunderschöne Zeit. Er hatte einfach eine unglaubliche Ausstrahlung.« Für ein paar Sekunden schweigt der Holländer. Und dann beginnen seine Augen wieder zu funkeln: »Mirin Dajo war etwas ganz Besonderes. Ein Mensch, wie es ihn niemals wieder geben wird.«

De Groot erzählt mir von seiner Jugend in Staatskanal. Der Metzgersohn half seiner Familie, so gut er konnte. Als in Haarlem eine entsprechende Stelle ausgeschrieben wurde, packte er seine Sachen. Sein Chef wurde nach dem Krieg verhaftet – weil er Nationalsozialist war. De Groot konnte das Geschäft mit Billigung der Behörden übernehmen. Zu seinen Kunden zählte auch Dajo – »hier sahen wir uns zum ersten Mal«.

Zur Klärung geschäftlicher Formalitäten begab sich de Groot eines Tages nach Amsterdam. Im Autobus saß auch Mirin Dajo. »Setz Dich doch neben mich«, sagte er lächelnd, und die beiden begannen miteinander zu plaudern. Dajo erzählte von seiner inneren Unruhe. Er hätte seinen Beruf als Reklamezeichner aufgegeben, um sich endlich mit seiner Unverletzlichkeit auseinanderzusetzen.

»Falls Du jemanden brauchst, der Dir hilft, kannst Du auf mich zählen«, versprach de Groot. Und besiegelte damit den Beginn einer kuriosen Freundschaft.

Kurz darauf fing er an, Dajo bei seinen Auftritten zu assistieren. »Er bekam schon damals intuitive ›Aufträge‹. Wenn es schwierig wurde, begann er mit sich zu hadern. ›Wenn das mit mir geschieht, dann sterbe ich doch‹, meinte er. Ich blickte ihn herausfordernd an: ›Bist Du unverletzbar, oder bist Du es nicht?‹ ›Ach, das ist doch verrückt‹, sagte er dann und schüttelte verlegen den Kopf.

So hätten sie gemeinsam allerlei Dinge ausprobiert und die Experimente kontinuierlich gesteigert – »bis wir eines Tages nicht mehr weiter wußten. Ich empfahl ihm, sich in einem meiner Räume im oberen Stock hinzulegen. ›Warte ab, welche Gedanken Du bekommst‹, sagte ich. Und da lag er dann und begann zu sprechen. Ein ›Telefongespräch‹ – mit dem Unterschied, daß ich nur seine Stimme hörte. Das ging einige Zeit. Dann richtete er sich auf: ›Jetzt weiß ich es. Ich habe mit meiner ›Leitung‹ gesprochen. Wenn wir in Zukunft nicht mehr weiterwissen, können wir weiterfragen.‹ So begann seine Kommunikation mit der ›obersten Instanz‹.«

Fasziniert lausche ich de Groots Worten. Es scheint mir, als ob all die Ereignisse erst wenige Jahre zurücklägen. So detailliert weiß er mir von seinen Erlebnissen zu berichten. »Die Zeit mit ihm war die schönste meines Lebens«, meint er mit einem entwaffnenden Lächeln. »Das kann man nicht vergessen.« Allmählich wird mir klar, daß man Dajo ohne de Groot nicht verstehen kann. Und umgekehrt.

Ob kochend heißes Wasser, Schläge auf den Kopf oder andere Torturen: Kaum ein Experiment, das die beiden in

Abb. 52: Autogrammkarte um 1947.

jenen Jahren nicht gemeinsam ausprobierten. »Er mußte sich bewußt machen, daß alles geschehen konnte – ohne daß er dabei einen Schaden davon trug. Und ich half ihm dabei. Das war meine Aufgabe. Ihn zu fordern und dabei zu unterstützen. Einmal mußte ich ihm mit einer Art Bunsenbrenner die Brusthaare entfernen. Seine Haut zeigte nicht die geringste Verbrennung. Oder ich mußte ihm chemische Substanzen bringen, die er trank – ohne mit der Wimper zu zucken.

Einmal wies er mich sogar an, ihn nachts zwischen zwei Bäume zu fesseln, splitternackt. Mitten in der Winterzeit. Hier, in einem Wald, in Nähe der Dünen. ›Binde mich morgen früh wieder los‹, sagte er. Zwei Stunden später aber, so gegen Mitternacht, klingelte es plötzlich an meiner Haustüre. Draußen stand Mirin Dajo. Ich berührte seine Schulter: Sie war wärmer als meine eigene. ›Was ist denn geschehen?‹ fragte ich. ›Nun‹, sagte er, ›ich gucke so und schaue die Wolken an, und da sehe ich plötzlich eine Gestalt aus den Wolken herniederschweben. Sie band mich los und hieß mich, durch die Dornen zu rennen. Also tat ich dies …‹ Er war eben wieder einmal in einer anderen ›Welt‹.«

Ob Vorahnungen, Stimmen oder andere Visionen: Paranormale Erlebnisse begleiteten Dajo auf Schritt und Tritt. Und er teilte sie mit Johnan, den er immer aufs Neue verblüffte. »Einmal saßen wir in der Schweiz in einem Zug«, erzählt er mir. »Und Mirin Dajo war geistig wieder einmal ›weggetreten‹. Längst hatte ich mich daran gewöhnt, daß er seinen Körper auf diese Weise gelegentlich verließ. Plötzlich schreckte er auf. ›Wo bist Du gewesen?‹ fragte ich ihn. ›In Amerika‹, antwortete er. ›Teile unserer Filmaufnahmen wurden dort in einem Kino gezeigt. Und jemand sprach 20 Minuten darüber – vor Publikum. Er machte das richtig gut …‹ Kurz darauf erhielten wir einen Bericht aus den USA. Alles, was er mir erzählt hatte, stand dort drin.

Oft hatte er auch ›Kontakt‹ mit der Heimat. Er erzählte mir, wie es unseren Familienangehörigen ging, was sie gerade taten oder warum sie nicht ans Telefon gingen. Einige Tage später berichtete mir dann meine Frau auf dem Briefweg jeweils, was ich bereits wußte. Er war einfach ein Meister. In jeglicher Hinsicht.«

»Wollen Sie den Film sehen?«

Wir machen eine kleine Pause. Während Jan de Groot in den oberen Stock geht, rauche ich nachdenklich eine Zigarette. Ich wußte von indischen Yogis, die angeblich ähnliche Fähigkeiten besessen haben sollen. Viele dieser Überlieferungen krankten aber an der Kritiklosigkeit ihrer Überlieferer, die oft nicht zwischen Zaubertricks und tatsächlichen Fähigkeiten zu unterscheiden wußten.

In Kreisen der Sufi/Derwisch-Bewegung wiederum – den »Mystikern des Islams« – konnten moderate »Piercings« zumindest sauber dokumentiert werden – etwa durch den Wiener Parapsychologen Professor Peter Mulacz. Aber Mirin Dajo war anders. Er übertraf alles, was bislang möglich schien. Umso mehr, als er sich freiwillig sämtlichen medizinischen Untersuchungen unterzog. Die Fakten lagen auf dem Tisch. Und der definitive Beweis sollte nur wenige Momente später folgen.

»Wollen Sie den Film sehen?«

Ich schrecke aus meinen Gedanken auf. De Groot steht lächelnd neben mir und schwenkt eine Videokassette durch die Luft. Natürlich hoffte ich, daß er mir die Aufnahmen zeigen würde. So viel hatte ich über die seltsamen Experimente bereits gelesen und gehört. Ich kannte die Schilderungen. Ich kannte auch die Bilder. Endlich aber würde ich nun Zeuge

Abb. 53: Bald 90 Jahre alt: Jan de Groot alias Johnan.

dessen werden, was Tausende in ihren Bann zog und noch mehr verblüffte …

Schwarzweiße 35-Millimeter-Aufnahmen flimmern über den Bildschirm. Ohne Ton, wie es sich für die damalige Zeit gehört. De Groot kommentiert die Aufnahmen. Seine Augen funkeln immer noch. Die Erinnerung hält ihn jung. Ich erkenne den Basler Bahnhof, an dem Mirin Dajo, Hylke Otter und Johnan im Herbst 1947 aus einem Auto steigen. Der Hoteldirektor bereitet ihnen einen herzlichen Empfang – und auch Sekretär Lüscher wartet bereits im Türrahmen.

Dann sehen wir die Protagonisten in ihrem Zimmer. Dajo diktiert Briefe, de Groot notiert mit konzentrierter Miene alles in sein Tagebuch. Es folgen Aufnahmen von der Außenseite des Basler Bürgerspitals. Und dann ist es endlich so weit: Zum ersten Mal werde ich Zeuge der Durchstechung.

Ich bewundere die Akribie, mit der die damaligen Zeitungsschreiber die Prozedur ihren Lesern vor Augen führten. Text und Bilder decken sich bis ins Detail. Dajo verzieht beim Akt nicht die geringste Miene, stolziert unter dem Blick der Ärzte mit der Waffe im Körper herum und dreht sich nach allen Seiten. Wie ein ungelenker Tänzer aus einer anderen Welt. Fast verlegen läßt er sich begutachten. Gespenstische Szenen.

Dann sehen wir ihn auf der Bühne des Basler *Bernoullianums*. Langsame intensive Handgesten begleiten seine Ausführungen. Er zieht mich in seinen Bann – obwohl es sich um einen Stummfilm handelt. Da ist etwas, was ich nicht erklären kann. Ehe ich darüber nachdenken kann, folgt bereits der nächste Schnitt. Jetzt sehen wir Dajo auf dem Zürcher Uetliberg bei prächtigem Wetter. Mit der Waffe im Bauch turnt er gut gelaunt herum, vollführt Kniebeugen und beginnt zu joggen. Johnan macht sich sogar einen Spaß daraus, das im Körper steckende Florett mit beiden Händen im Kreis zu drehen. Unfaßbar!

Abb. 54: Notizen im Hotelzimmer: Johnan schreibt eifrig mit.

Es folgt der Höhepunkt in der Berner Schulwarte. Unter den Augen des Kamerateams durchbohrt Johnan seinen Freund mit einem zweischneidigen Schwert – von vorne nach hinten. Kurz darauf sehen wir die beiden von hinten, wie sie das Gebäude verlassen. Die Kamera bleibt zurück. Die Sonne strahlt frontal ins Objektiv. Die Bilder verklären sich zu einer unwirklichen Szene. Sie erinnert ans Ende des Bogart-Klassikers *Casablanca*.

»Er hatte eine unglaublich liebe Ausstrahlung«, murmelt de Groot gedankenversunken. »Aber er war schnell verbraucht.« Ich blicke ihn an. Noch immer hat er kein Wort über den Tod seines Freundes verloren. Es muß ihn hart getroffen haben. Und Vorwürfe gehagelt haben. Womöglich auch von nahestehenden Leuten, die ihn für Dajos Ableben mitverantwortlich machten.

»In der Schweiz muß nach seinem Tod der Teufel los gewe-

Abb. 55: Villa Rogenmoser am Zürcher See (um 1947).

Abb. 56: Gruppenbild mit Joseph Rogenmoser (rechts) Ende 1947.

Abb. 57: Die drei Holländer im Herbst 1947 in Basel.

sen sein«, höre ich mich sagen. »Schließlich dürfte das Experiment mit dem Stilett Dajos Kritiker in ihrer Skepsis bestätigt haben.«

»Wissen Sie«, antwortet mir der alte Mann, »als wir zum letzten Mal in die Schweiz reisten, sagte er mir vor dem Abflug: ›Johnan, hierher komme ich nicht zurück.‹ Schon bei unserer ersten Bekanntschaft prophezeite er mir, daß er nicht sehr alt werde. Er muß es gespürt haben. Und es ist auch verständlich: Wenn ein Mensch in einem Tag geistig so schnell wächst wie ein anderer in einem ganzen Jahr, geht es eben schneller. Da oben ist es nicht wichtig, wie man stirbt. Wenn es Zeit ist, dann wird eine Gelegenheit geschaffen, damit man geht. Das war auch bei Mirin Dajo so.« Mehr mag er mir dazu nicht erzählen. Ich schweige.

Schließlich siegt die Neugier: »Und wie ging es damals mit Ihnen weiter?« will ich nach einer kurzen Pause wissen.

Er habe noch einige Zeit in der Schweiz verbracht, antwortet de Groot. »Nach seinem Tod erhielt ich von der Fremdenpolizei einen Monat Zeit, um alles zu regeln. Ich ließ Fotos von Mirin Dajo vervielfältigen. Mit dem Verkauf konnte ich mich finanziell einigermaßen über Wasser halten. Und es gab viele Briefe, die beantwortet werden wollten. Auf Druck der Ärzte wurde ich dann für zehn Jahre aus der Schweiz ausgewiesen. Das war zwar unangenehm, aber ich bin niemandem böse. Eigentlich habe ich in meinem Leben doch immer Glück gehabt.«

Wieder in Holland, habe er sich Arbeit gesucht. In einer Plastikfabrik begann er mit der Herstellung von Flaschendeckeln und wechselte später in die Schallplattenproduktion. Doch die Erinnerungen an Mirin Dajo hätten ihn ein Leben lang begleitet. Darum werde er sie demnächst auch in schriftlicher Form veröffentlichen. »Ich habe viele seiner Visionen und Erlebnisse in mein Tagebuch notiert.« Dann schmunzelt er: »Wissen Sie, er war ein Meister. Und ich nur ganz klein …«

Seltsamer Verdacht

Zurück in Basel lasse ich meine Eindrücke Revue passieren. Jan de Groot machte mir nicht den Eindruck des geldgierigen Heuchlers, wie ihn viele Schweizer in Erinnerung behielten. Im Gegenteil: Er klingt heute so, wie es sich Dajo immer gewünscht hätte. Offenbar hatte er sein Herz geöffnet – mit dem Schlüssel, den ihm Mirin Dajo hinterließ.

Ich erinnerte mich an einige bemerkenswerte Sätze unseres Gesprächs. »Das Geld übt immer großen Druck aus«, hatte der alte Mann beiläufig erwähnt. »Fehler sind menschlich.« Es klang versöhnlich – und ehrlich. Der alte de Groot schien dem jungen Johnan verziehen zu haben. Fünfzig Jahre sind eine lange Zeit, um nachzudenken.

Dennoch redete er um die Wahrheit herum. Mein Gefühl warnte mich. Da gab es eine dunkle Stelle, die er mir verschwieg. Bewußt oder unbewußt. Irgend etwas an Dajos Tod war anders gelaufen, als er mich glauben machen wollte. Irgend etwas hatte er mir verschwiegen, weil er heute noch darunter leidet. »Man könnte in der Schweiz ein dunkles Bild von mir haben«, bemerkte er einmal. Ohne näher darauf einzugehen.

Wie ich später erfuhr, hatte Dajos Familie kurz nach der Beerdigung alle Kontakte zu Jan de Groot relativ abrupt abgebrochen. Die Beziehung zwischen den beiden wurde in Holland ein Fall für die Juristen. De Groot spricht nicht gerne darüber – weil er sich diesbezüglich ungerecht behandelt fühlt.

Streitpunkt war offenbar ein Modell aus Bausteinen, das Dajo einst angefertigt haben soll. Angeblich zeichnete sich die Konstruktion durch eine außergewöhnliche Standfestigkeit aus. Walter Bührer glaubte, de Groot habe das Prinzip seinerzeit in seinem Tagebuch festgehalten. Vermutlich lasse sich damit viel Geld verdienen, meldete er Dajos Eltern in Holland. Darauf wurde Johnan von der Polizei ins Verhör genommen. Doch er weigerte sich, den Behörden seine Notizen auszuhändigen. Eher würde er das Tagebuch verbrennen, soll er gedroht haben.

Spurensuche in der Schweiz

De Groots Geheimnis läßt mir keine Ruhe. Erneut steige ich in die Archive. Wochenlang wühle ich mich in Universitätsbibliotheken durch Zeitungen und Zeitschriften. Auf der Suche nach irgendeinem Hinweis tauche ich ab in die Nachkriegszeit, die Mirin Dajos Leben prägte. Lese mich durch Berichte über zerbombte Städte und hungerleidende Menschen und staune über jedes farbenfrohe Bild aus der Schweiz – der heilen Welt, die Dajo so faszinierte. Sie muß ihm wie das Paradies vorgekommen sein.

Immer stärker wird mir bewußt, wie weit der Holländer seiner Zeit voraus war. Die westliche Welt hatte visionäre Denker nötiger denn je. Ein neues Bewußtsein mußte her. Kein Wunder, daß der holländische »Friedensapostel« mit offenen Armen empfangen wurde: Gestalten wie Dajo waren damals an einer Hand abzuzählen. War es Zufall, daß der indische Freiheitskämpfer Mahatma Ghandi nur wenige Monate vor Dajos Tod ebenfalls starb?

Parallel dazu führe ich Korrespondenzen mit den Staatsarchiven in Basel und Zürich, ebenso mit den Verantwortlichen der Universitätsspitäler. Wo liegt der Nachlaß von Professor Alfred Brunner? Existieren womöglich noch amtliche Dokumente über Dajos Auftritte? Gibt es medizinische Untersuchungsberichte, die ich noch nicht kenne?

Die Antworten sind ernüchternd. Vieles scheint unwiederbringlich verloren. Röntgenbilder, so erfahre ich, wurden 1947 noch von Hand entwickelt. Chemikalien und Filmmaterial befanden sich in den Anfängen. Sprich: Die entsprechenden Originalbilder dürften heute – falls überhaupt noch vorhanden – verblaßt, vergilbt und halb verrottet sein. Ähnlich klingt es beim Schweizer Radio: »Wir haben in unserem Archiv zwar noch Beiträge aus jener Zeit – aber keinen über Mirin Dajo.«

Viele von Dajos engsten Schweizer Vertrauten sind mir namentlich bekannt. Doch es sind Allerweltsnamen, wie sie hier zu Tausenden vorkommen. Zudem sind seit den damaligen Ereignissen über 55 Jahre verstrichen. Keiner von ihnen dürfte heute noch leben, befürchte ich. Ich führe Hunderte von Telefonaten – in der Hoffnung, doch noch einen Schweizer zu finden, der Dajo persönlich gekannt hat. Die spärlichen Antworten der Nachkommen kenne ich bald auswendig: »Meine Eltern sind längst gestorben. Alle Unterlagen wurden bei der Wohnungsauflösung vernichtet.«

Die Ereignisse überstürzen sich

Endlich gelingt es mir, die Nichte von Traugott Egloff ausfindig zu machen. Doch auch sie weiß wenig zu berichten: »Ich war damals kaum sechs Jahre alt. Mein Onkel ist schon lange tot, und den Haushalt meiner Tante haben wir erst kürzlich aufgelöst – leider.« Ähnlich tönt es von anderer Seite. Es ist wie verhext.

Dann plötzlich die Wende. Ich habe Multimillionär Rogenmosers Tochter an der Strippe. Sie erzählt von ihren Eindrükken, verweist auf eine Bekannte. Der Nebel lichtet sich, enthüllt Dajos Spuren. Bei prallem Sonnenschein folge ich ihnen auf die idyllische Vögelinsegg im Appenzellerland, pilgere von dort weiter nach Weinfelden im Thurgau. Hier ein paar Sätze, dort ein paar Erinnerungen. Spezielle Begegnungen mit speziellen Menschen, die den Holländer bis heute nicht vergessen können.

Allmählich formieren sich die Mosaikstückchen zu einem Gesamtbild. Doch immer noch klaffen darin Lücken. Und nun beginnt mir erneut der Zufall in die Hände zu spielen. Ehe ich mich versehe, durchziehen plötzlich seltsame Begebenheiten meine Nachforschungen. Als ob »jemand« daran Interesse hätte, mich auf die richtige Fährte zu locken.

Wildfremde Menschen rufen mich an und geben mir Tips – wie aus heiterem Himmel. »Ich habe über Umwege erfahren, daß Sie über Mirin Dajo recherchieren«, sagt einer. Ein anderer: »Mein Name tut nichts zur Sache. Aber ich kann ihnen vielleicht weiterhelfen.« Jeder weiß etwas anderes zu berichten. Um damit exakt die Puzzlestücke zu liefern, die noch fehlen. Puzzlesteine, die sich perfekt ergänzen. Als ob man sich heimlich abgesprochen hätte …

Nur über das Scheitern von Dajos Amerikaplänen weiß niemand Genaueres. Schon will ich die Flinte ins Korn werfen, als ich im Internet zufällig auf der Homepage der *Jewish National and University Library* in Jerusalem lande. Die Unibibliothek verwaltet den Nachlaß von Albert Einstein – dem Universalgenie, das mich seit jeher fasziniert. Offenbar ist der Bibliothekskatalog seiner noch erhaltenen – bislang unveröffentlichten – Korrespondenz seit kurzem endlich auch online abrufbar, wie ich erfreut zur Kenntnis nehme. Von seinem Briefwechsel mit Dajo habe ich keine Ahnung.

Ohne mir etwas dabei zu denken, sehe ich meine Finger seinen Namen im Suchfenster eintippen. Einfach so. Weil mir gerade nichts Besseres einfällt. Und da blitzen die stichwortartigen Einträge auch schon auf meinem Bildschirm auf:

- 27. Dezember 1947: Brief von Mirin Dajo an Albert Einstein.
- 8. Januar 1948: Brief von Albert Einstein an Mirin Dajo.

»Das kann doch nicht sein!« durchfährt es mich. Ich korrespondiere mit den Verantwortlichen in Israel. Wenige Tage später flattern mir Kopien der Schreiben in den Briefkasten. Inhalt: ausgerechnet Dajos USA-Pläne. Was für ein unglaublicher Zufall!

Unermüdlich fahnde ich weiter. Im Visier habe ich nun allfällige Nachkommen der Familie Bührer, die Dajo seinerzeit in Winterthur beherbergte. Bührers gibt es im Raum Zürich zu Dutzenden. Aber dann schlägt der unbekannte »Drahtzieher« erneut zu: Durch eine falsche Verknüpfung sticht mir bei der Suche im Internet-Telefonbuch plötzlich der Name »Ruth Bührer« in die Augen. Zögernd wähle ich die Nummer

– und lande einen weiteren Volltreffer: Ich habe die Frau am Draht, die Dajo in den Tod begleitete.

»Sie können sich meine Freude gar nicht vorstellen«, lacht die 84-Jährige quicklebendig. »Über all die Jahrzehnte hatte ich mich immer wieder gefragt, warum sich niemand mehr für diese außergewöhnliche Geschichte interessiert. Erst vor wenigen Tagen habe ich meinem Sohn mein Leid geklagt. Und nun rufen Sie aus heiterem Himmel an. Was für ein wunderbarer Zufall!«

Herzlicher Empfang

Was für ein wunderbarer Zufall! Ich fahre mit dem Zug nach Winterthur zur »lieben Ruth« – auf derselben Strecke, die Dajos Eltern vor über 50 Jahren zurücklegten, um sich mit ihr vor der Beerdigung zu treffen. Es regnet. Doch je näher ich meinem Ziel komme, desto mehr klart der Himmel auf.

Die Herzlichkeit der 84jährigen Witwe ist überwältigend. Kein Wunder, daß sich Dajo in ihrer Gegenwart geborgen fühlte. Noch immer hängt sein Porträt in ihrer Wohnung. »Er war so ein feiner, liebevoller Mensch«, erzählt sie mit strahlenden Augen. »Ich habe mich in den letzten Monaten seines Lebens regelrecht für ihn aufgeopfert. Oft arbeitete ich tagsüber von 7 Uhr morgens bis 20 Uhr abends in meinem Coiffeursalon, um ihn anschließend mit meinem Mann durch die halbe Schweiz zu chauffieren.«

Ruth Bührer kramt in alten Fotoschachteln. Und breitet ihr Leben vor mir aus. Ohne ihr berufliches Engagement wäre vieles nicht möglich gewesen: Sie finanzierte Mirin Dajo und Johnan – und obendrein noch ihren Mann. Sie half anderen, im Vordergrund zu stehen, und vergaß dabei oft sich selbst. Private Schicksalschläge begleiteten sie ihr ganzes Leben. Doch

Abb. 58: Enge Freunde: Ruth und Walter Bührer (rechts neben Dajo).

Abb. 59: Paranormale Ereignisse gehörten um ihn zur Tagesordnung.

ihre Lebensfreude war stärker als all das Leid, mit dem sie immer wieder konfrontiert wurde.

Mirin Dajo bewunderte die feinfühlige Frau. Er schenkte ihr seinen Anzug und eine seiner lila Schleifen – und sprach ihr immer wieder Mut zu. »Liebe Ruth, Du bist ein wunderbarer Mensch«, sagte er. »Aber Du mußt Dir den Himmel auf Erden verdienen. Du wirst es nie leicht haben. Aber ich werde Dir einen Platz neben mir reservieren.«

Kennen gelernt hatte sie Mirin Dajo durch eine Bekannte. Sie erzählte ihren Kundinnen von ihm. Die wiederum schleppten ihre Ehemänner zu Dajos Vorträgen. So entstand um den Holländer ein immer größer werdender Freundes- und Bekanntenkreis. »Er ließ keinen kalt. Das war sein Geheimnis. Ich habe mein Leben lang keinen gütigeren, liebevolleren Menschen kennengelernt.«

Es ist die Liebe einer Mutter, die aus ihren Worten spricht. Nicht die Liebe einer Frau. Die Frauen verehrten den Holländer zwar, aber sie blieben ob seiner asketischen Lebensweise auf Distanz. »Sexualität existierte für ihn nicht«, schmunzelt Ruth Bührer. »Er rauchte nicht, trank kaum Alkohol. Aber er liebte gutes Essen über alle Maßen. Und er besaß einen feinen Humor.«

Aus einer Schachtel zieht sie ein blaues Dokument. Und drückt es mir in die Hand. »Mirin Dajos Reisepaß. Er bat mich, ihn aufzubewahren. Bitte nehmen Sie ihn an sich. Bei Ihnen ist er in guten Händen.«

Ungläubig und ein wenig verlegen starre ich auf das blaue Dokument. Ich halte Dajos amtliche Identität in den Händen. Den Paß, der ihn auf allen Reisen begleitete. Ein seltsames Gefühl. Ich blättere darin, entziffere die handschriftlichen Einträge. Unzählige Stempel zeugen von seinen Schweizer Aufenthaltsbewilligungen. Ich bin gerührt. Doch die Neugier ist stärker. »Was geschah in jener Nacht, als er das Stilett verschluckte?« frage ich vorsichtig.

Johnans schreckliches Geheimnis

In leisem Tonfall beginnt Ruth Bührer von den letzten Tagen des Holländers zu berichten. Ihre Stimme gerät ins Stocken. Tapfer bewahrt sie jedoch die Fassung. Sie berichtet über einen Vorfall besonderer Art: »Ich werde diese Augenblicke mein Leben lang nicht vergessen. Mitten in der Nacht rumorte es in unserer Stube wie verrückt. Das Theater wollte kein Ende nehmen. Unruhig wälzte ich mich in meinem Bett. Am nächsten Tag war Mirin Dajo kreidebleich. ›Was ist denn geschehen?‹ fragte ich. Er blickte mir zögernd in die Augen. ›De Groot hat mir ein langes Stilett in die Speiseröhre gestoßen. Überall

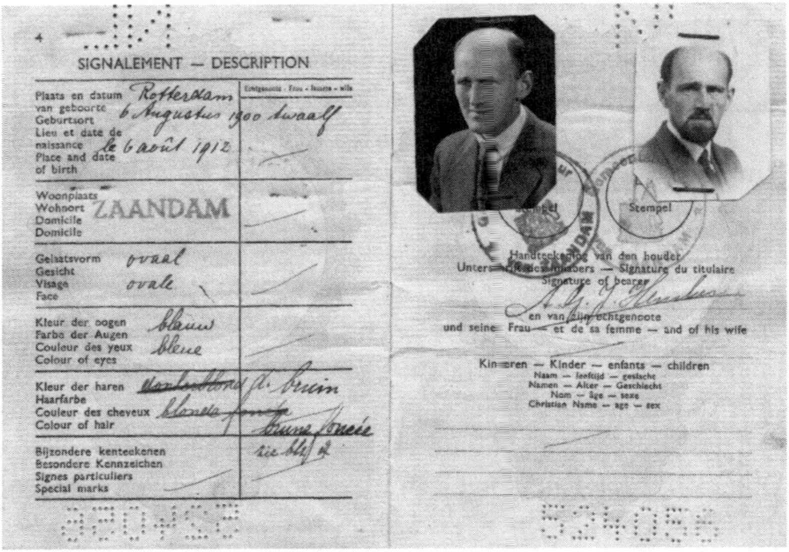

Abb. 60: Historisches Dokument: Mirin Lajos Reisepaß.

Abb. 61: Jedes Ein- und Ausreisedatum ist im Paß penibel genau aufgelistet.

versuchte er es hineinzustoßen. Von hinten. Von vorne. Und in den Mund ...‹«

Also doch! Was ich mittlerweile ahnte, aber nicht auszusprechen wagte, nahm Gestalt an. Ruth Bührer bestätigte, was die Bezirksanwaltschaft Winterthur damals in Abrede stellte. Sie offenbarte mir Johnans schreckliches Geheimnis. Das Geheimnis, das er bis heute verschweigt. Das Geheimnis vom Lehrling, der seinen geliebten Freund und Meister mit seiner Maßlosigkeit ins Elend treibt. Und erst später merkt, daß er sich damit jenen Menschen raubt, der ihn zu dem machte, was er heute ist.

Ruth Bührer kämpft mit den Tränen. »Ja, es ist wahr. De Groot hat ihn regelrecht dazu gezwungen. Obwohl Mirin Dajo ›von oben‹ den Auftrag hatte, keine Durchstechungen mehr vorzunehmen ...«

Professor Brunner muß es geahnt haben, fällt es mir wie Schuppen von den Augen. In langen Gesprächen hatte er den Holländer kennen und schätzen gelernt. Er wußte, daß Dajo alles mit Johnan teilte. Selbst seine körperlichen Experimente. Und dennoch schwieg der berühmte Mediziner gegenüber den Behörden. Weil er wußte, welche rechtlichen Folgen eine Aussage gegen Johnan nach sich gezogen hätte? Oder weil ihn Dajo sogar darum gebeten hatte? Möglich, daß sich Brunner irgendwie revanchieren wollte. Schließlich hätte er von Anfang an ahnen müssen, daß die Wunde infiziert sein könnte.

Hatte sich der Professor gar mit seinen Ärztekollegen abgesprochen? Jedenfalls hielt auch Dr. E. Hardmeier vom Gerichtlich-medizinischen Institut der Universität Zürich in seinem Obduktionsbericht an die Bezirksanwaltschaft Winterthur kategorisch fest, daß »Mirin Dajo das kritische Instrument selbst verschluckt haben muß. Eine Mithilfe einer Drittperson beim Verschlucken selbst ist nicht anzunehmen.«

Ein merkwürdig mageres Statement. Ohne nähere Begründung. Hätte nicht auch Hardmeier stutzig werden müssen? Immerhin diagnostizierte er bei der Obduktion von Dajos Körper »frischere rundliche Hautsubstanzdefekte an beiden Waden« – obwohl der Holländer bereits Monate vor seinem Tod allen weiteren Durchstechungsexperimenten abgeschworen hatte. Verletzungen, die ebenfalls aus jener berüchtigten Nacht herrühren dürften, die Ruth Bührer das Blut in den Adern gefrieren ließ.

Ich blicke der rüstigen Dame schweigend in ihre glänzenden Augen. Doch bereits wenige Minuten später ist es wieder da: Jenes gütige, verzeihende Lächeln, das ihre Gesichtszüge umspielt. Jene innere Kraft, die der »lieben Ruth« Zeit ihres Lebens immer wieder auf die Beine half. Sie kramt weitere Fotos von Mirin Dajo hervor. »Sehen Sie nur, wie nett er mit Kindern umging. Kinder liebten ihn ...«

Zögernd frage ich nach. »Warum drängte ihn Johnan überhaupt dazu, das Experiment mit dem Stilett zu wagen?«

Doch Ruth Bührer mag nicht mehr groß darüber sprechen. »De Groot ist es wohl mulmig geworden«, entgegnet sie knapp, »weil die Aufenthaltsbewilligung ablief und er in Holland keinen Verdienst hatte.«

Möglicherweise war im Vorfeld der Tragödie also tatsächlich Geld geflossen. Vielleicht hoffte Jan de Groot, die Behörden würden nach geglücktem Experiment ihren Segen für einen weiteren Verbleib in der Schweiz erteilen. Die Kritik der Ärzte wäre damit ein für allemal vom Tisch gewesen. Möglich, daß die Fremdenpolizei ebenfalls ihre Meinung geändert hätte. Wer weist schon gerne einen »Unverletzbaren« aus?

Ruth Bührer wechselt erneut das Thema. Sie erzählt mir von Dajos Vorträgen – »oft zehrte man noch eine ganze Woche davon« –, von seinen Vorahnungen, deren Bestätigung sie oft am eigenen Leib erfuhr, und von Nationalrat Gottlieb Duttweiler, der bei Bührers ebenfalls zu Gast war. Auch Dajos

Abb. 62: Dajo beim Zeichnen mit den Kindern von Conrad Gubler (links).

Eltern habe sie seinerzeit in Haarlem besucht, fügt sie an. »Die waren die Liebe selbst – wie er.«

Und dann führt sie mich in den Keller ihrer Wohnung. Neben allerlei Kram aus vergangener Zeit steht dort eine schwarze Ledertasche. »Nehmen Sie sie mit«, schmunzelt die 84-Jährige. »Sie gehört jetzt Ihnen.«

Ich öffne den Reissverschluß – und blicke auf acht metallische Filmbüchsen. Die Originalnegative von Dajos Schweizer Aufenthalt. Die 35-Millimeter-Filme, die vor seinen Vorträgen jeweils über die Leinwand flimmerten. Finanziert von Ruth Bührer. Jahrzehntelang aufbewahrt, um der Nachwelt zu dokumentieren, was damals niemand glauben mochte.

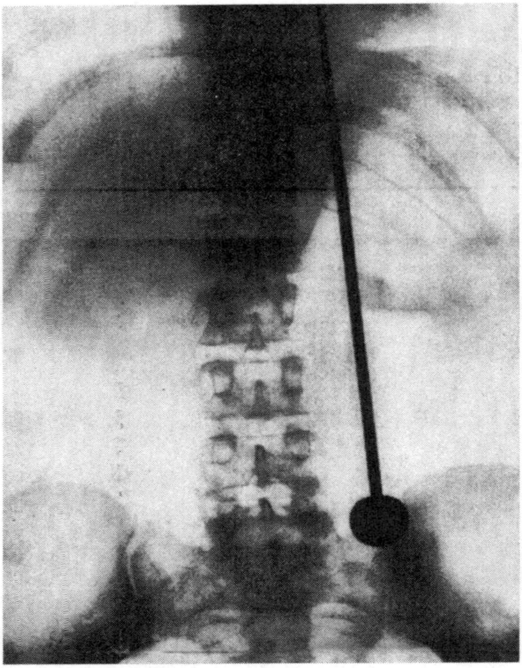

Abb. 63: Röntgenaufnahme des todbringenden Stiletts.

Geschichte ohne Ende

Mirin Dajos Geschichte ist eine Geschichte voller Überraschungen. Und eine Geschichte ohne Ende. Trotz seines frühen Todes im Alter von 35 Jahren schenkte er seinen Freunden einzigartige Erinnerungen, die viele bis ins hohe Alter begleiteten: Conrad Gubler wurde 93 Jahre alt. Seine Frau Martha lebt heute noch – im 101. Lebensjahr. Frieda Beutler wurde 89, Karl Beutler 92 und Robert Forster 94 Jahre alt. Jan de Groot feiert demnächst seinen 90. Geburtstag. Und auch Ruth Bührer erfreut sich mit weit über 80 Jahren immer noch guter Gesundheit.

Das fast schon biblische Alter von Dajos Bekannten läßt Platz für Spekulationen. Ebenso wie seine Wunderheilungen und augenscheinlich »überirdischen« Fähigkeiten. Sein asketisches Wesen, sein früher mysteriöser Tod, aber auch seine Predigten sahen sich in der Tradition eines Jesus von Nazareth. Sogar die Judas-Rolle war in seinem Leben besetzt. Doch Mirin Dajo war ein Mensch aus Fleisch und Blut. Wenngleich ein ganz besonderer.

Selbst die Sterne sprechen eine spezielle Sprache: Der Holländer wurde am 6. August 1912, 20.03 Uhr, in Rotterdam geboren, im Zeichen des Löwen mit Aszendent Wassermann. Astrologen der Internetseite »www.astro.com« deuten sein Wesen – ohne etwas von ihm zu wissen – als »stolz, selbstbestimmt, selbständig, zielstrebig und ehrgeizig«. Negative Charaktereigenschaften würden durch seine Großzügigkeit, Wärme und seine noblen Ansichten ausgeglichen. Weiter wirke er ruhiger als er wirklich sei, er sei gesellig und verblüffe durch eine gute Konstitution.

Mirin Dajo beschäftige sich mit ziemlich absonderlichen Dingen, heißt es in der mir vorliegenden Analyse weiter. Vermutlich heimlich, weil er sich seiner Abweichung von der Norm durchaus bewußt sei. Er könne sich mächtige Leute zu Gegnern machen. Seine finanzielle Situation sei alles andere als rosig, weshalb er dazu gezwungen würde, mehrere Erwerbstätigkeiten zu suchen. Obgleich selbstbewußt auftretend, brauche er eine ihn unterstützende Person. Außerdem verfüge er offenbar über die Kraft, sich von Erkrankungen »auffallend« rasch zu erholen.

Noch verblüffender ist, was die Experten für Jan de Groot (geboren: 17. März 1914, 22 Uhr, in Amsterdam) bereithalten: Der geborene Fisch mit Aszendent Skorpion neige zu Extremen, sei sehr empfänglich und sehne sich nach Zuneigung. Auch tendiere er zum Okkulten und zu übersinnlichen Phänomenen und müsse in der einen oder anderen Form immer mit dem Dunklen, Zerstörerischen kämpfen. »Eine Seite in ihm will Harmonie, und die andere Seite will zerstören.« Irgendwann in seinem Leben, »nachdem ein wichtiges, dramatisches Ereignis ihn tief beeindruckt hat, kann sich sein Lebensziel und der gesamte Ausdruck seines Egos vollständig verändern.«

»Sonst wäre ich ja schuldig gewesen!«

Besser könnte man Johnans »Läuterung« nicht auf den Punkt bringen. Nach dem Drama in Winterthur fing er nochmals bei null an und begann ein neues Leben. Seit vielen Jahrzehnten glücklich verheiratet, ist Jan de Groot mittlerweile stolzer Großvater mehrerer Enkel. Dajos Botschaft fiel bei ihm auf fruchtbaren Boden – später als es vielen lieb war. In all den Jahren wuchs sie zu einem Bäumchen heran, dessen Wurzeln sich mit jedem Jahr tiefer in die Erde gruben.

Weit über 50 Jahre sind seit dem Tod des Holländers mittlerweile vergangen. Insofern kann man de Groot sein Handeln nicht vorwerfen. Der Verlust seines engsten Freundes war für ihn hart genug. Die Ereignisse sind verjährt. Die übersehene Infektion geht aufs Konto der Ärzte. Doch die Erinnerung klebt an seinen Fersen – wie ein ständiger Begleiter. Und scheint ihm bis heute keine Ruhe zu lassen. »Mirin Dajo hat es selber getan!« versicherte mir der Holländer kurz vor Druckbeginn auf telefonische Nachfrage noch einmal eindringlich. »Ich war sehr froh, daß er es selber getan hat, sonst wäre ich ja schuldig gewesen. Man hat mir denn auch niemals Fragen dazu gestellt ...«

Und Dajo selbst? Er scheint Johnans Vorgehen gebilligt zu haben. Gegenüber der Öffentlichkeit verlor er kein Wort über die Details. Er nahm das Experiment auf seine Kappe – und ließ auch seine Eltern in Unkenntnis über die Hintergründe.

Wie sagte er 1947 einmal: »Man hat auch viel zu sagen über

meine Freunde Otter und de Groot. Man denkt immer so von anderen Leuten, wie man selber ist, aber man reagiert so, wie der Entwicklungsgang des Geistes ist. Also kann man nie sagen, er hat schlecht oder falsch gehandelt, oder er hat gut und richtig gehandelt. Im Leben gibt es niemals ein Gut und ein Schlecht. Wenn man dies erkennt, erschaut man, daß es auch keinen Feind gibt und somit ebenfalls keinen Freund. Einen Freund im menschlichen Sinne nicht. Dies, wenn man sich einstellt auf das Gute und sich ganz offen stellt zu Gott und sich auflöst in Gott. So kann man auch leben in Gott. Und weil Gott Liebe ist, lebt man also auch in Liebe, und so ist jeder ein Freund, auch der Mörder.«

Merkwürdige Ausführungen. Doch um Mirin Dajo geschahen nun mal die merkwürdigsten Dinge. Kranke genasen, Depressive begannen zu lächeln, und Suchende wurden fündig. Gegensätze zogen sich an und wurden eins. Unwahrscheinliches wurde wahrscheinlich, Unverständliches verständlich. Die Logik schlug Purzelbäume.

Wie ein roter Faden zogen sich die unmöglichsten »Zufälle« durch meine Recherchen. Längst hatte ich mich an sie gewöhnt. Nicht einmal die Tatsache, daß es mir wenige Wochen vor Abschluß dieses Buches gelang, Dajos Originalbriefe an seine Familie vom 29. Mai bis 31. Dezember 1947 über Umwege zu erhalten, mochte mich mehr verwundern. Die Dinge nahmen ihren Lauf. Weil sie ihren Lauf nehmen mußten. Die Geschichte diktierte sich von selbst.

Bis zu jenem sonnigen Septembertag, an dem mir ein letztes Mal die Luft wegblieb: Soeben hatte ich mir die 35-mm-Filme von Ruth Bührer zum allerersten Mal angeschaut. Sekunden, nachdem die letzten Bilder über den TV-Schirm flimmerten, klingelte meine Eingangsglocke. Gedankenversunken schlenderte ich zur Türe und ergriff den Hörer meiner Gegensprechanlage.

»Guten Tag«, meldete sich eine freundliche ältere Stimme mit holländischem Akzent. »Mein Name ist Henskes aus Haarlem. Ich bin zufällig gerade auf Durchreise – und dachte, ich schaue mal bei Ihnen vorbei.«

Unerwarteter Besuch

Kurze Zeit später sitze ich mit Cornelis Henskes und seiner Frau in einem Basler Café. Wie sich bald herausstellt, ist er eine jener Personen aus Haarlem, die ich auf gut Glück angeschrieben hatte – in der Hoffnung, sie mögen mit Mirin Dajo irgendwie verwandt sein. »Das bin ich auch tatsächlich«, strahlt der 80jährige Holländer. »Der Großvater von Mirin Dajo war der Bruder meines Großvaters.« Kennengelernt habe er seinen berühmten Verwandten zwar nie, »aber man hat natürlich viel von ihm gehört.« Und dann beginnt er in seinen Erinnerungen zu schwelgen, als ob es erst gestern gewesen wäre …

Wir sprechen über die Kriegsjahre. Die Besetzung Hollands. Der Schatten der Vergangenheit erhebt sich für einige Momente zu neuem Leben. Und Frau Henskes erzählt mir, wie sie sich in der Not von Blumensamen ernähren mußte. »Wie Sie sehen, hat es uns nicht geschadet«, lächelt Cornelis Henskes verschmitzt. »65 Jahre habe ich gearbeitet – nun genießen wir den Ruhestand in vollen Zügen.«

Ich blicke in seine leuchtenden Augen. Fast will es mir scheinen, als ob ich Dajo persönlich gegenübersitze. Ebenso wie ihren berühmten Verwandten hatten die Kriegsjahre das glückliche Paar geprägt. Und sie darin bestärkt, der Gegenwart die schönsten Seiten abzugewinnen. In Demut. Mit offenem Herzen.

Ich denke an Mirin Dajos Worte zurück: »Jeder kann praktisch zum Mittelpunkt des Weltfriedens werden. Es kommt einzig darauf an, wie tief das Beet des Friedensgedankens ist, das er sich in seinem Herzen gräbt. Gleiches gesellt sich zu Gleichem; wir sehen dieses Gesetz sowohl im Bösen als auch im Guten alltäglich sich auswirken. Gemeinsame Bestrebungen führen zu Gruppenbildungen, Verbänden, und eines schönen Tages umspannen sie die Welt, alles in ihren Bannkreis ziehend, was zu ihnen gehört.«

Allmählich wird mir bewußt, daß die Begegnung mit Henskes das Ende meiner Begegnung mit Dajo markiert. Monatelang war ich seinen Spuren gefolgt. Um ihn schließlich dort zu finden, wo er zu Hause war – im Herzen der Menschen, die ihn gekannt hatten. Zahlreiche Zeitzeugen konnte ich im Laufe meiner Recherchen über den Holländer befragen. Und niemand verlor auch nur ein einziges schlechtes Wort über ihn.

Unerklärlich bleiben seine Prophezeiungen im privaten Rahmen, rätselhaft seine heilenden Kräfte. Bleibt die Frage, wie man Mirin Dajos »Unverletzbarkeit« heute deuten würde – speziell die Durchstechung mit dem 2,5 Zentimeter breiten, zweischneidigen Schwert. Eine exakte Erklärung, sofern sie überhaupt möglich wäre, überlasse ich den Medizinern. Mediziner lieben exakte Erklärungen. Auch wenn sie sich dabei gerne widersprechen. So will es die Tradition. Beflissen sorgt sie dafür, daß der Holländer auch über 50 Jahre nach seinem Tod Kontroversen in der Fachwelt entfacht. Das ist gut so. Denn solange über Mirin Dajo debattiert wird, gerät seine Botschaft nicht in Vergessenheit.

Wie auch immer man seine grandiose Körperbeherrschung interpretiert: Sicher scheint, daß es ihm sein Gottvertrauen augenscheinlich ermöglichte, in Sekundenschnelle autohypnotische Trancezustände zu erreichen – ohne größere Vorbereitungen. Einzigartige Reisen in eine andere Welt, die sein Inneres über sein Äußeres triumphieren ließen, den Schmerz vergessen machten und heilende Kräfte weckten.

»Was ich hier deutlich zu machen versuche, sind uralte, aber meist nur im Verborgenen verkündete Erkenntnisse«, betonte er. »Ich spreche hier in aller Öffentlichkeit davon, weil ich den Augenblick dazu für gekommen erachte und die Wahrheit meiner Worte durch Taten beweisen kann.«

Taten, die neue Perspektiven eröffnen. Denn dem vollendeten »Wunder« ging langjähriges Training voraus. Mußte sich Mirin Dajo nach den ersten Durchstechungen in Holland jeweils noch erschöpft hinlegen, zeigte er später keinerlei Ermüdungserscheinungen. Wo anfänglich Blut floß, zeigte sich später kaum ein Tröpfchen. Demütig und bescheiden trainierte der Holländer seinen Geist – und zähmte seinen Körper. Mit Willenskraft erzwang er sein Vertrauen. Er glaubte an Gott wie kein anderer – und damit an sich selbst.

Und er verfolgte dabei eine Vision, wie sie heute nicht aktueller sein könnte: Die Vision einer universellen Bruderschaft für den Frieden, die nicht nach Glauben, Hautfarbe oder Herkunft urteilt – sondern nach dem Streben zu einem höheren Bewußtsein. Oder wie es Dajo formulierte:

»Im Reiche Gottes kann jeder ein König sein, stehe er im täglichen Leben hinter dem Pflug oder am Küchentisch. Es ist eine verborgene geistige Größe, die jedem voll bewußt sein kann, ohne ihn jemals zur Überheblichkeit zu verleiten. Niemand, auch der Ärmste und Beschränkteste nicht, ist davon ausgeschlossen. Er braucht nur zuzugreifen!«

III.

Von der Macht des Geistes

Mirin Dajos Botschaft

Die folgenden, leicht gekürzten Texte basieren auf Ausführungen, die Mirin Dajo 1947/48 dem Schweizer Journalisten Willy Wagner diktierte.

Gibt es noch Wunder?

Gibt es noch Wunder?

Gewiß! Wunder ohne Zahl. Eines der größten und unfaßlichsten Wunder ist es, wenn einer sich morgens von seinem Lager erhebt und sein Tagewerk beginnt. Ein Gedanke nur, zart wie ein Hauch, den äußeren Sinnen verborgen, berührt den Schläfer – eine wie tot daliegende Masse von Knochen, Blut, Wasser, Fleisch und bis zu hundert Kilogramm Gewicht. Und siehe – schon bewegt sie sich; sie dehnt sich, reckt sich, stemmt die Füße der Erde entgegen und steht aufrecht da!

Ja, von einem anderen Gedanken, einem Hauche, berührt, geht sie in irgendeine Richtung, getrieben und aufrecht gehalten von einem Wunsche, einer Absicht nur, die alle Glieder bewegt.

Siehe – schon hat der Gedanke den Mund ergriffen und spricht aus, was er wünscht! Er öffnet und bewegt die Augen – und sieht durch sie, was er sucht; er sitzt im Ohr, und kein Geräusch entgeht ihm, und was er in die Hand nimmt, das erfühlt er!

Daß einer sich erhebt, daß er geht, steht und spricht, daß er sich bückt, etwas aufhebt … Wahrlich, das sind der Wunder übergenug für jeden – der zu sehen vermag! Wer sie enträtselt, dem ist weiter nichts mehr verschlossen.

Der Mensch von heute, mit Blindheit geschlagen, bedarf anderer »Wunder«, um aufzuhorchen. Sie gehören zwar in die gleiche Kategorie von Wundern, die sich täglich und stündlich um uns und in uns entfalten; aber sie faszinieren dadurch, daß sie den Menschen gleichsam als Herrn dieser Wunder zeigen, als einen mit den Naturkräften Verschwisterten, dem sie aufs Wort gehorchen.

Solche Wunder sind wie der Blitz in der Nacht, den auch das getrübte Auge wahrzunehmen vermag. Überflüssig für die

Sehenden, aber umso notwendiger für die andern, die zweifellos die Mehrzahl bilden. Solche Wunder hat es zu allen Zeiten gegeben, denn immer fanden sich solche, welche die geistige Einheit der Schöpfung erkannten, sich vom Trug der Sinne zu befreien und die geistige Verbindung mit dem Ganzen wiederherzustellen vermochten.

Sie sind nicht mehr getrennte Glieder, die, aus der Reihe getreten, in ihrer Vereinzelung verkümmern; sie befinden sich mitten in der Kette und haben als Einzelwesen an Bedeutung verloren. Aber – wenn sie sich bewegen, bewegt sich die ganze Kette mit; die Wirkung ihrer Gedanken erstreckt sich nicht nur über den eigenen Körper und seine Glieder, sondern reicht unendlich viel weiter! Sie lösen Wirkungen aus, wo sie der in die Vielheit verstrickte Verstand am allerwenigsten vermutet. Wunder sind also keine Durchbrechungen von Naturgesetzen, sondern ihre Erfüllung.

Solche Wunder hat es seit Bestehen der Menschheit unzählige gegeben. Diese verborgenen Gesetze und Kräfte lassen sich erkennen und einmal erkannt auch anwenden. Nur – erklären lassen sie sich nicht; so wenig wie sich das Gedächtnis, die Elektrizität oder die Schwerkraft erklären lassen. Sie sind einfach da, und wir erkennen sie aus ihren Wirkungen. Wir können sie anwenden und aus ihrer Anwendung Nutzen ziehen. Damit müssen wir uns begnügen.

Das erste, was der Verstand Wundern gegenüber tut, ist das, daß er sie »erklären« will. Gelingt ihm dies nicht, dann versucht er sie »einzureihen« in eine Kategorie von Erscheinungen, die ihm seit langem bekannt, aber nicht weniger unverständlich sind – und legt sich daraufhin beruhigt schlafen. Das Kind hat einen Namen, einen bekannten sogar, und damit – ist alles in Ordnung?

Sind die Wunder solcher Art, daß sie sich gar nicht »einreihen« lassen und damit das Gefühl der Beunruhigung steigern,

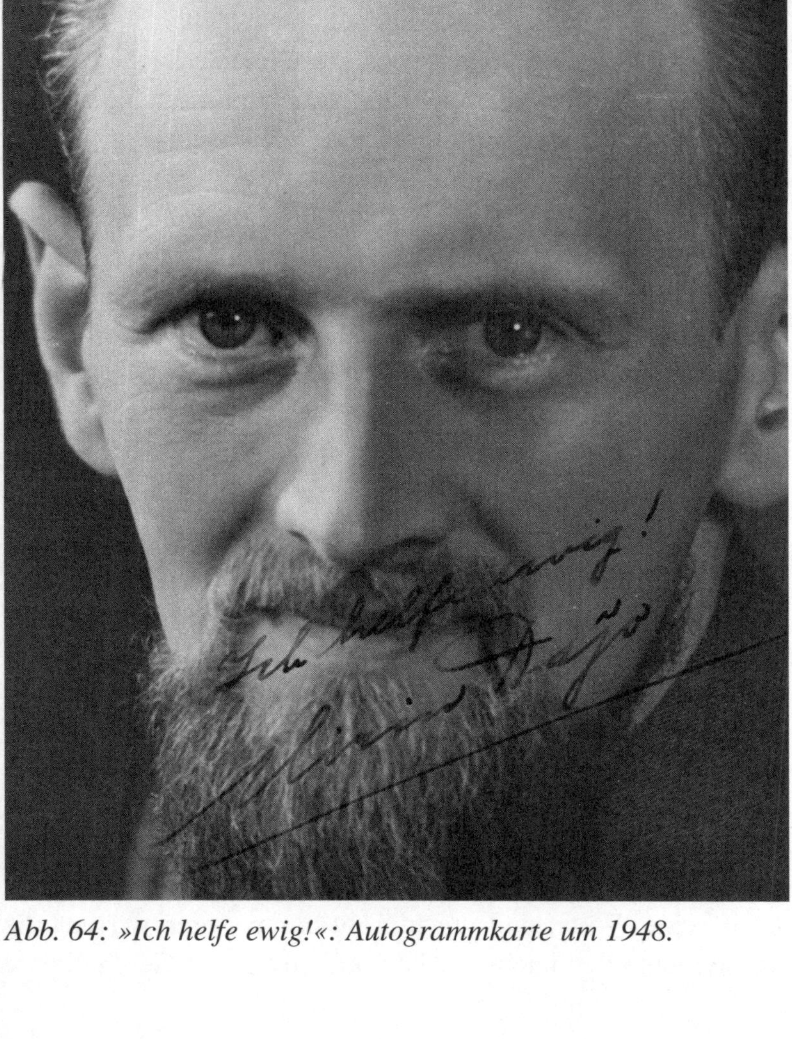

Abb. 64: »Ich helfe ewig!«: Autogrammkarte um 1948.

dann greift der Verstand zu Scheinerklärungen; er versucht, das Wunder wegzuraisonnieren. So entledigt er sich der Probleme, die anfangen, Beklemmungen zu verursachen! Beklemmungen weshalb? Deshalb, weil man angesichts von sogenannten »Wundern« dem großen Unbekannten gegenübersteht, aus dem wir emportauchen, um darin wieder zu verschwinden! Was unbekannt ist und die Gefahr in sich birgt, daß man eine teuer erworbene Weltanschauung völlig revidieren müßte, das ängstigt und regt auf.

Instinktiv erfaßt man, daß dies keine leichte Sache sei; daß es sich nicht um die Berichtigung von Tagesmeinungen, sondern um eine schmerzhafte Erschütterung unseres ganzen Wesens handle, um einen Wandlungsprozeß, der Dämme einreißt und Tiefen aufwühlt, deren Vorhandensein wir nur ahnen.

Es ist daher an sich begreiflich, daß der Verstand bei der Begegnung mit einem »Wunder« sich an Ausflüchte klammert oder, wenn sich diese als zu fade erweisen, das Ereignis zu bagatellisieren versucht, doch ist dieser Mangel an Aufgeschlossenheit sehr zu bedauern. Verbarrikadiert er doch die Wege zu einer Befreiung und Entfaltung des Geistes, ohne welche er sich niemals von der Erde zu erheben vermag. Wie ein Vogel mit gestutzten Flügeln bleibt er an den Staub gebunden, unvermögend, sich ins Reich der Lüfte aufzuschwingen. Daher die leise Traurigkeit des Herzens auch bei den fröhlichsten Ereignissen; daher die dumpfe Sehnsucht nach etwas Unbestimmtem, die weder durch Geld und Gut, noch mit Erfolg und Ansehen zu betäuben ist.

Die Wunder der *Bibel*, die Krankenheilungen, das Wandeln auf dem Wasser, das Gebieten über Stürme und Unwetter, das Austreiben von »Dämonen«, ja auch die Totenerweckungen sind tatsächlich geschehen. Durch solche Werke rechtfertigte Jesus seine Worte, und wir tun gut daran, wenn wir uns die Sache nicht allzu leicht machen, indem wir die Geschehnisse

Abb. 65: Dajo predigt seine Botschaft im Dachstock-Atelier von Conrad Gubler.

in das Reich der Fabel verweisen, sondern uns bemühen, ihren Ursachen nachzuforschen.

So nur ist es uns möglich, Christi Botschaft zu verstehen und in seinen erhabenen Geist einzudringen. Es war immer so, daß das Volk solchen Geistesheroen näher stand als die Gelehrten, die mehr verstandesmäßige Bedenken zu überwinden hatten, um sich der Sache zu nähern. Das braucht aber nicht so zu bleiben. Die moderne Psychologie ist in Gebiete eingedrungen, die ihr vor Jahrzehnten noch völlig verschlossen waren; sie hat Neuland betreten, wo ihrer weitere Entdeckungen harren.

Der Einfache im Geiste und der Gelehrte werden sich eines Tages die Hände reichen; der eine, sich von Vorurteilen lösend und die Tiefen der Seele erforschend, der andere seine innigsten Ahnungen bis zum Bewußtsein steigernd, werden Gott entdecken. Die Wissenschaft wird gläubig, der Glaube wissenschaftlich durch die Entdeckung geistiger Gesetze, die sich nicht mehr länger leugnen lassen.

Jeder ein Pfeiler des Friedens

Die mächtigsten Ströme der Erde entspringen aus unscheinbaren Quellen, und die Quellen entstehen durch Sammlung der Bodenfeuchte, winzigster Tröpfchen, in einem Zentralpunkt. Diese Gesetze gelten auch für die geistigen Strömungen aller Zeiten. Aus Tröpfchen bilden sich Tropfen, aus diesen Wasser, aus Wasser die Quelle, aus Quellen die Bächlein, aus Bächlein Flüsse und aus Flüssen die Ströme, welche durch die Tiefe ihres Bettes die Wassermassen ganzer Gebiete in sich verschlingen und den Ozeanen entgegenführen.

Jeder kann praktisch zum Mittelpunkt des Weltfriedens werden. Es kommt einzig darauf an, wie tief das Beet des Friedensgedankens ist, das er in seinem Herzen gräbt. Gleiches gesellt sich zu Gleichem; wir sehen dieses Gesetz sowohl im Bösen als auch im Guten alltäglich sich auswirken. Gemeinsame Bestrebungen führen zu Gruppenbildungen, Verbänden, und eines schönen Tages umspannen sie die Welt, alles in ihren Bannkreis ziehend, was zu ihnen gehört.

Jeder unserer Gedanken ist ein Mittelpunkt, der seine Attraktionskraft augenblicklich beweist. Wir sprechen ihn aus und überzeugen damit andere, das heißt, die Quelle fängt an, sich zu bilden. Es liegt nun an jedem von uns, sie zum Strome werden zu lassen, der, da es sich um einen Strom der Wahrheit handelt, das Dämonische, das uns seit Jahrtausenden umfangen hält, mit Macht hinwegspülen wird.

Jeder weiß aus Erfahrung, wie ein Pessimist oder ein Optimist auf ihre Umgebungen wirken, und jeder kann daraus ermessen, wie die Wahrheit, die Urkraft selber wirken muß, wenn wir ihr im Herzen einen Attraktionspunkt bereiten. Ströme geistiger Kräfte werden in uns einfließen, erst uns, dann unsere Umgebung wandeln, und diese, nach allen Seiten mit der Welt verknüpft, am Schluß die ganze Menschheit.

Dem Weltfrieden nun kann jeder dienen, der einsieht, daß er ein Geschöpf Gottes ist, daß Gott in ihm, um ihn und durch ihn wirkt, und der dementsprechend anfängt, göttlich zu denken, zu fühlen und zu handeln. Er braucht den Friedensgedanken durchaus nicht zu propagieren; es genügt, wenn sein Herz diesem Gedanken so verbunden bleibt, daß er in seinem Tun und Lassen zum Ausdruck kommt. Das Beispiel wirkt intimer und sicherer als die schönsten Worte.

Ruhe, Furchtlosigkeit gegenüber allen dämonischen Schreckbildern in uns und um uns, die absolute Gewißheit, daß uns nichts geschehen kann und mag, solange wir uns mit jeder Faser auf Gott verlassen, sind geistige Kräfte von solcher Gewalt, daß sie, ohne daß wir auch nur ein Wort darüber verlieren, auf unsere gesamte Umgebung ausstrahlen und jeden, der mit uns in Berührung kommt, glücklicher machen, ohne daß er sagen könnte, wieso und warum.

Wer so in Gott ruht, ist zu einer Quelle des Friedens geworden, ein machtvoller Magnet, der ununterbrochen Gleiches an sich zieht und sich davon nährt, indem er zugleich gibt. Kein Mensch mit hörbar frommem Augenaufschlag oder einer Leichenbittermiene, sondern vielleicht der einzige weit und breit, der noch aus frohem Herzen lachen mag, allen Freuden, die Gott ihm schenkt, voll aufgeschlossen und zugänglich, aber überall Maß haltend.

Wer die verborgenen, in uns wirkenden Kräfte bis zu einem gewissen Grade erschlossen hat, ist vermögend, Himmel und

Abb. 66: »Jeder ein Pfeiler des Friedens!«: Vortrag in Weinfelden.

Abb. 67: Dajo diktiert Sekretär Lüscher seine Gedanken.

Erde in Bewegung zu setzen, weil er ein Teil des Ganzen, Gottes, geworden ist, dem – so gut wie uns das Zucken der Wimper oder die Bewegung des kleinen Fingers – nichts entgeht, was auch das geringste seiner Glieder empfindet und tut. Es kommt auf eines heraus, ob die Hausfrau am Herd, der Mann auf dem Felde, das Kind auf dem Heimwege, Gedanken des Friedens in ihren Herzen bewegen und nähren; unausgesprochen strahlen sie hinaus in die Welt, berühren und mobilisieren ähnliche Kräfte und verstärken sie im Widerhall.

Vermöchte unser Auge die erdumspannende Auswirkung eines einzigen solchen Gedankens zu erblicken – uns würde schwindeln vor der geistigen Größe, die Gott dem Menschen geschenkt hat. Daher achte sich keiner gering; gerade auf ihn kommt es an, befinde er sich, wo immer er wolle. Er und die anderen werden in aller Stille Kräfte und Mächte ins Leben rufen, die – still heranreifend – eines schönen Tages mit unbezwingbarer Gewalt hervorbrechen und wie ein Orkan daherbrausen, um die faulen Äste und dürren Blätter der Kriegsfurcht herabzuwirbeln.

Über Krankheiten

Einmal im Leben kommt wohl für jeden der Augenblick, da er, hingestreckt auf ein Krankenlager, sich voller Verzweiflung fragt: »Warum?« Wohl ihm dann, wenn er nicht nachläßt, bis er die Antwort gefunden; wohl ihm, wenn ihn das Gewissen davor bewahrt, Gott – seinen Schöpfer –, Umstände oder Nebenmenschen anzuklagen, und ihn zwingt, darüber nachzudenken, ob nicht vielleicht er selber zu seiner Krankheit beigetragen, ja sie auf irgend eine – vorerst noch völlig unerkannte – Art und Weise verursacht haben möge!

Solche Zweifel allein schon können ihm Anlaß zu Entdekkungen von größter Tragweite sein. Offenbarungen nie geahnter Zusammenhänge und damit sicherer Wege zur Heilung oder Wahrheitserkenntnis. Nicht, daß uns Gott aus Willkür in solche Lage brächte, so wie wir ein mutwilliges Kind einsperren, um ihm Gelegenheit zur Selbstbesinnung zu geben. Meist manövrieren wir uns selbst – unwissentlich – in unsere Leiden hinein, und zwar auf Grund von Irrtümern, von Denkfehlern, die wir von Vorfahren und aus der Umwelt übernehmen und in uns großzüchten.

Es ist auch hier wie überall: Unkenntnis der Gesetze schützt nicht vor Strafe! Ein Kind, das in aller Unwissenheit sein Händchen ins Feuer hält, wird es verbrennen, so gut wie ein Erwachsener, der solches aus Mutwillen tut. Krankheit ist Ausdruck der Persönlichkeit des Kranken selbst, sofern es sich um die Inkarnation von Vorstellungen handelt, die mit dem Kranken völlig eins geworden sind, so daß er ihre Gegenwart nur noch in Form des Leidens empfindet. Letzteres zeigt, was er vermöge seines Glaubens aus sich selbst gemacht hat, und weist uns, sofern wir seine Herkunft und Gewalt erkennen, den Weg, die Dinge auf ähnliche Art von uns aus wieder zu ändern!

Um so weit zu kommen, bedarf es allerdings gründlichen Nachdenkens und scharfer Beobachtung, die wir an uns selber anstellen können, wenn wir uns auch nur einen Tag lang aufmerksam betrachten. Wir vermögen uns absolute Gewißheit davon zu verschaffen, daß jede unserer Vorstellungen körperliche Reaktionen auslöst, und wir werden nach und nach herausfinden, wieso wir schließlich von Krankheiten betroffen werden, die wir uns weder bewußt vorgestellt noch jemals herbeigewünscht haben.

Wenn wir uns etwas Lustiges denken, dann müssen wir lachen; Ungewißheit und Sorgen furchen die Stirne, und Angst hat wiederum ihren besonderen Ausdruck. Wiederholen sich gleiche Vorstellungen oft, dann werden auch die Spuren bleibend. Nicht nur unsere Miene, sondern Gestalt und Haltung werden ihnen untertan. Kurz, wir finden, sofern wir nur wollen, tausendmal am Tage Gelegenheit zur Feststellung, daß der Körper auf unsere Vorstellungen blitzschnell reagiert. Solche, die wir sehr oft wiederholen, werden wir am Ende selbst; sie entschwinden dann dem Reiche der Denkbilder, weil sie in Fleisch und Blut auf der Erde herumwandeln.

Wer jemals Gedichte, Melodien, Lieder usw. auswendig gelernt hat, der weiß, was ich meine. Er ist mit der Sache eins geworden und übt sie aus, ohne sich erst besinnen zu müssen. Je inniger die Verbindung, umso weniger bewußt, und je unbewußter, umso sicherer und ungestörter wirkt die einverleibte Kraft, so daß wir gerade von denjenigen Ideen, welche uns am vollständigsten beherrschen, am wenigsten mehr eine Ahnung haben!

Wir nennen dann das »Unbewußte« das, was wir selber sind, ohne es mehr zu wissen! Geht es so zu mit Dingen, die wir uns bewußt aneignen, wieviel rascher wickelt sich der Prozeß wohl ab mit Vorstellungen, die wir aus grauer Vorzeit von Geschlecht zu Geschlecht als sichere und unantastbare Größen übernehmen? Irrtümer, zu deren Aufnahme der Leib durch eine Art von Degeneration zum willigen Gefäß geworden ist, das nur darauf wartet, damit gefüllt zu werden?

Die Krankheitsvorstellungen sind, infolge eines Abfalls von Gott und daher entstandener Unwissenheit, in grauer Vorzeit geboren worden. Geschlecht um Geschlecht hat sie übernommen und sich zu eigen gemacht. Auch wir. Wir sind so sehr eins mit ihnen, daß wir die unumschränkte Herrschaft, welche sie in uns ausüben, nur noch indirekt, aus den Übeln, die uns auf allen Wegen und zu allen Zeiten befallen, zu erblicken vermögen.

Wir können sie jedoch auch daran erkennen, daß heute

soviel über Gesundheit gesprochen wird. Der Begriff »Krankheit« ist heute eine solche Selbstverständlichkeit, daß darüber niemand mehr nachsinnt; die gottgewollte Selbstverständlichkeit der Gesundheit jedoch ist uns so ferne, daß sie in aller Mund ist. Was »Heimat« sagen will, weiß nur einer, der die »Fremde« kennt; für den, der nie des Vaters Haus verlassen, existiert weder dieser noch jener Begriff. Er und die Heimat sind eins, weil er stets fort und immer in ihr ruht!

Keinem Kranken – es sei denn, er gebe sich besondere Mühe – will es einleuchten, daß er selbst den Dämon nähre und in sich trage, der sein Leben bedroht. Es bedarf der größten Anstrengungen, ihm diese Tatsache zum Bewußtsein zu bringen. Gehen ihm jedoch die Augen dafür auf, dann erschrickt er maßlos. Gewohnt, im Leiden seinen gefährlichsten Feind zu erblicken, vor ihm zu flüchten und es mit allen Mitteln zu bekämpfen, soll er nun gleichsam stehen bleiben, in seinem furchteinflößenden Antlitz sich selber sehen und sich mit sich selbst – mit ihm vereinen?

Das geht über sein Fassungsvermögen, ebenso wie die geheimnisvollen Worte der *Bibel*: »Wehret dem Übel nicht! Durch Ruhigbleiben und Stillesein wird euch geholfen!« Krankheit ist wie ein auf uns losspringender Ball, den wir abzuwehren und zum Stillstand zu bringen hoffen, indem wir ihn immer heftiger und heftiger zurückschlagen, weil wir das Gummiseil, das ihn mit uns verbindet, vollständig übersehen. Auffangen, auf uns zustreben lassen müssen wir ihn, bevor uns die Kräfte verlassen, denn auf andere Weise wird er immer zuletzt wirksam sein, so gut wie das Echo, wenn wir es mit Gegenrufen mundtot machen wollen!

Nicht Aktion ist die Krankheit, sondern Reaktion, und was wir als Reaktionen betrachten, sind bereits Folgen, Progressionen. Die auslösende Grundursache liegt in uns, und wie die Zahlen in der Eins, die Linie im Punkt, der Kreis im Zentrum, kommen sie nirgends anderswo wieder zur Ruhe als in uns, von wo sie ausgegangen sind. Selbst die ansteckenden Krankheiten sind auf die genannte Weise geboren worden. Die zeugenden Vorstellungen müssen solcher Art gewesen sein, daß sie auch den Dämon gleichsam mit Fortpflanzungsvermögen, den Erregern, ausstatteten und ihm seinen weiteren Bestand auch nach Erlöschen der Ur-Vorstellungen sicherten.

Man kann den Vorgang einem Blitzstrahl vergleichen, der ein Haus anzündet und ihm damit die Möglichkeit gibt, durch Funkenwurf noch weiteres Unheil anzurichten, nachdem das Gewitter längst abgezogen ist. Solange die Funken in Form der Erreger nicht restlos ausgetreten sind, vermögen sie immer wieder Unheil anzurichten. Auch gegen solche Krankheiten, Epidemien, gibt es eine unfehlbar wirkende geistige Immunität. Sie ist zwar selten beobachtet worden, aber der Wissenschaft durchaus bekannt.

Unter Wissenschaftlern selbst fanden sich Männer, welche die Gabe – absolute Furchtlosigkeit – besaßen und ihre Widerstandskraft durch drastische Experimente an sich selbst bewiesen. Bei allen Epidemien gab es Leute, die völlig ungeschützt im Morast aushielten und von der Krankheit verschont blieben. Es fehlte ihnen die Aufnahmebereitschaft. Interessanterweise sehen wir in der Schutzimpfung gegen ansteckende Krankheiten einen ähnlichen Vorgang wie bei der Heilung von Krankheiten auf geistigem Wege.

Die Krankheit selbst wird uns, in gemilderter Form, eingeimpft. Wir nehmen das an, dem wir aus dem Wege gehen möchten, und dieser Vorgang bewirkt Immunität oder sogar Heilung. Entsetze sich daher niemand vor meinen Feststellungen, daß die Krankheit eine Schöpfung des Menschen und der Weg zur Heilung der sei, sie als solche bis auf den Grund zu erkennen.

Der Mensch bricht mit solcher Erkenntnis ihre Gewalt und

nimmt ihr die Bosheit, leistet sich einen Dienst und unterstützt die Kur des Arztes, der die bereits geschlagenen Wunden bald zu heilen vermag, wenn die unerkannte permanente Ursache der Schädigungen verschwunden ist. Wer die hier verkündeten Wahrheiten zu erfassen vermag, der mache von ihnen Gebrauch und lasse sich nicht enttäuschen, wenn er nicht sofortige Heilung findet. Er halte sich vor Augen, daß eine Lokomotive, auch wenn der Dampf abgestellt ist, nicht sofort zum Stillstand kommt, sondern allmählich. Dasselbe ist bei Krankheiten der Fall. Aber die Heilung erfolgt sicher, wenn die geistigen Ursachen behoben sind.

Was ich hier deutlich zu machen versuche, sind uralte, aber meist nur im Verborgenen verkündete Erkenntnisse. Ich spreche hier in aller Öffentlichkeit davon, weil ich den Augenblick dazu für gekommen erachte und die Wahrheit meiner Worte durch Taten beweisen kann.

Die Erziehung unserer Kinder

Um die altbekannte, aber selten befolgte Weisheit vorwegzunehmen: Kindererziehung ist Selbsterziehung, denn wir können unsern Kindern beim besten Willen nicht mehr mitgeben, als wir selbst besitzen!

Wir können ihnen auch keine Charaktereigenschaften »eintrichtern«, so wenig wir ihnen welche rauben können, die sie bereits besitzen. Ein Kind hat seine Eigentümlichkeiten wie eine Pflanze die ihrigen. Die Triebkraft steckt in ihm, und was wir wirklich tun können, liegt darin, daß wir Hindernisse beseitigen, die Wachstum und Entfaltung stören. Nicht einpfropfen, sondern wegräumen, nicht zurechtstutzen, sondern stützen sollen wir.

Alles liegt am Klima, das will hier besagen: in der geistigen

Atmosphäre des Elternhauses und der Umgebung. Das Übrige wirkt die Natur von selbst, und je ungestörter, umso sicherer. Die geistige Entwicklung des Kindes beginnt schon bei der Geburt, in Fortsetzung der Entwicklung vom Keim zur fertigen Gestalt im Mutterleibe.

Eine Entwicklung, welche wiederum der Gesamtentwicklung des Kosmos und derjenigen der gesamten Menschheit entspricht, unterschieden allein dadurch, daß sie sich in einem rascheren Ablauf vollzieht. Während der Stundenzeiger seinen Kreislauf von 12 Stunden vollendet, macht der Sekundenzeiger das gleiche 720mal, der Minutenzeiger 12mal, und die Erde benötigt ein Jahr, um ihn zu vollenden. Es sind die gleichen ewigen Gesetze, die überall, um uns, in uns und durch uns sich auswirken, vom Winter über Frühling und Sommer zur Reifezeit des Herbstes führen, und alles beginnen und vollenden, handle es sich nun um das Leben des Universums, des Menschen oder der Eintagsfliege.

Man gibt sich von dieser Gesetzmäßigkeit auch des menschlichen Lebens viel zu wenig Rechenschaft, denn sonst würden nicht so viele Erziehungsfehler begangen, die sich für Erzogene, Erzieher und Umwelt bitter rächen. Wir reagieren auf Sorgen und Nöte des Alltags ganz automatisch, ohne je zu prüfen, ob unsere Art, die Dinge zu sehen, die richtige, besser eine wahrhaftige, sei. Wir gebrauchen dies und jenes, wie wir es eben finden, und geben uns keine Rechenschaft darüber, daß wir eigentlich überall dem Unbekannten gegenüberstehen, das zu erhellen wohl unsere erste Pflicht wäre, bevor wir zu Taten schreiten!

/ Dieses Unbekannte tritt schon mit dem ersten Tage unseres Lebens als Problem in Erscheinung und begleitet uns bis ans Lebensende. Die primitivste Form von Bewußtsein reagiert, dumpf zustimmend oder ablehnend, auf alle Reize aus der Umwelt, und so bleibt es dann auch trotz der höheren Form

Abb. 68: Mirin Dajos Mutter – seine engste Vertrauensperson.

von Ichbewußtsein des Menschen. Wir haben eine größere Menge von Begriffen als das Kind, aber sonst hat sich die Sachlage nicht wesentlich geändert. Welche Probleme und Sorgen den Geist in einem bestimmten Entwicklungsstadium beschäftigen, ist nicht wichtig, weil kleine Schwierigkeiten im Frühstadium des Geistes genau so schwer sein können wie größere Schwierigkeiten in einem höheren.

Die Angst des Kindes vor dem Unbekannten ist gleich groß wie die des Erwachsenen. Beide sehen sich ihm unaufhörlich gegenübergestellt, weil beide unablässig vorwärts wandern und für jeden jeder Schritt Neues, Unerwartetes bringt – nur daß es dem Kinde zeitlich später begegnet, weil es später aufgebrochen ist.

Schwierigkeiten, die uns begegnen, sind Schulaufgaben, die wir nicht beiseite legen können, ehe wir sie gelöst haben. Einmal bis auf den Grund durchschaut und erkannt, verschwinden sie. Wer daher stets mit den gleichen Schwierigkeiten zu kämpfen hat, versucht nur zu reagieren, statt zu erkennen. Er sinnt auf Mittel und Wege, sie beiseite zu schieben, statt die Aufgaben zu lösen; da er jedoch ohne ihre Bewältigung nicht befördert werden kann, bekommt er sie unaufhörlich wieder vorgesetzt.

Solche Hindernisse sind oft nötig, weil der Schüler nicht verstehen will; aber es sind Aufenthalte auf dem Wege zur Entwicklung, die man besser vermeidet. Aufgaben stellt das Leben immer; auch auf höheren Entwicklungsstufen. Der Unterschied besteht jedoch darin, daß sie als solche erkannt werden; als Gelegenheiten, neue Erkenntnisse zu erwerben und die eigenen Kräfte zu üben.

In dieser Haltung liegt keine blinde Abwehr mehr. Im Gegenteil! Das Lernen macht Freude! Darin unterscheidet sich der Weise vom Unweisen, daß er alles ruhig auf sich zukommen läßt, begierig, sich zu bewähren. Seine Schwierigkeiten haben nur die Bedeutung verschlossener Türen, die augenblicklich aufspringen und den Weg frei geben, sobald der Schlüssel gefunden ist, die aber umgekehrt allen trotzigen Schlägen und Fußtritten widerstehen, mit welchen der Unsinnige sie einzuschlagen versucht.

Bemühungen, neben den Türen durchzukommen, bleiben also vergeblich. Noch schädlicher ist die Neigung, vor ihnen die Augen zu schließen oder sie, wenn auch das nicht hilft, einfach zu ignorieren, indem man ins Vergnügen flüchtet, in Trunkenheit, sexuelle Ausschweifungen, oder zu Rauschgiften greift. Die großen Fragen des Lebens, Fragen über Geburt und Tod, Krieg und Frieden, Krankheiten und Heilung, Glück und Unglück, bedrängen uns unaufhörlich. Überall stoßen wir auf Unbekanntes, und wir können nicht vorwärts, ehe wir sie nicht gelöst haben.

Versuchen wir auszuweichen, dann lernen wir unsere inneren Kräfte, die Schlüssel auch für die verzwicktesten Schlösser liefern, niemals kennen. Sie treten erst dann in Erscheinung, wenn wir alle Winkelzüge vermeiden, jede fremde Hilfe verschmähen und den großen Fragen des Lebens so gegenübertreten, wie uns Gott erschaffen hat.

Wer »Ablenkung« sucht, entfernt sich von seinem eigenen Geist und hindert ihn an der Entfaltung. Er hindert sich an der Einsicht, die allein ihm Hilfe in allen Nöten gewähren kann, der Einsicht, daß die schicksalgestaltenden Mächte in uns, nicht außerhalb von uns, wohnen. Wenn wir sie erkennen, dann erst sind wir die Schmiede unseres eigenen Glücks; dann erst kann uns niemand und nichts mehr überraschen.

Solange wir aber vor uns selbst flüchten, die Fehler weit von uns weg, am liebsten in anderen, in Umständen oder sonstwo suchen, stehen wir uns selbst im Wege und versäumen die Gelegenheit, Einfluß auf unser Leben zu gewinnen. Schwierigkeiten, die uns heimsuchen, schaffen wir selbst vermöge

Abb. 69: Der junge Arnold beim Spielen.

unserer Gedankenkräfte. Sie sind, solange wir dies wirklich glauben, unerbittliche Tatsachen, auf die wir keinen Einfluß haben. Aber nur solange, als wir dies wirklich glauben, und keine Stunde länger.

Es sind Irrtümer, die wir als solche nicht erkennen und daher für Wirklichkeit halten, bis sie uns gegenüber tatsächlich diese Rolle spielen. Ein harmloser Strick, den wir im Dunkeln für eine giftige Schlange halten, wird uns unbedingt daran hindern, mit bloßen Füßen über ihn hinwegzuschreiten. Solche Schlangen nun sind Schwierigkeiten und Prüfungen für uns, deren Wurzeln wir noch nicht im eigenen Innern entdeckt haben. Leiden wir selbst unter falschen Vorstellungen, nach denen wir unser ganzes Verhalten richten, so können wir, gerade weil wir es gut meinen, nichts Besseres tun, als sie unsern Kindern möglichst frühzeitig beibringen.

Die fixen Ideen, welche sich zahllose Kindergemüter damit aneignen, haben unvorstellbare Auswirkungen auf ihr gesamtes Leben und auch auf die Welt. Es bedarf großer Anstrengungen, solche Irrtümer, die zu einem Teil unserer Persönlichkeit geworden sind, wieder auszumerzen. An Eltern und Erziehern liegt es daher, die eigenen Fehler zu entdecken und, koste es was es wolle, zu überwinden. Nur wenn sie selbst die verborgenen geistigen Kräfte kennen, von welchen sie getrieben werden, die tausend Schwierigkeiten schaffen und uns darin verstricken, können sie den Kindern sein, was sie sollen, und die Freude erleben, Kinder zu haben, wie jedermann sie sich wünscht; harmonisch und glücklich, ein Vorbild und Segen.

Wenn wir unsere eigenen Kräfte erkennen und richtig gebrauchen, dann nur werden wir die Schwierigkeiten unserer Kinder verstehen und – was noch wichtiger ist – ihnen keine solchen schaffen. Das neugeborene Kind ist ein göttliches Wesen. Was es braucht, ist vornehmlich Schutz, um innerlich und äußerlich ungestört wachsen zu können, so wie die Pflanzen außer guter Erde nur der Luft, des Lichtes und des Wassers bedürfen, um sich zu entwickeln.

Die Grundlage aller Erziehung ist demnach das seelische Klima, die geistige Atmosphäre des Elternhauses. Je günstiger diese ist, umso weniger bedarf es im Grunde irgend einer »Erziehung«. Die Kräfte sind gegeben. Sie liegen im Kinde selbst. Gelegenheit zu ihrer freien Entfaltung ist alles, was sie brauchen. Ein Kind fühlt das Wirken der Kräfte weitaus stärker und unmittelbarer als Erwachsene, die schon gelernt haben, eine Kraft gegen die andere auszuspielen, um die eine zu unterdrücken oder die andere zu fördern und so einen Wirrwarr anzurichten, aus dem sie am Ende selbst nicht mehr klug werden, so daß der Psychiater eingreifen muß, um wieder einigermaßen Ordnung zu schaffen.

Das Kind steht seinen Impulsen, Aktionen und Reaktionen völlig unbefangen gegenüber. Es ist das absichtslose Werkzeug ewiger Kräfte, die sich dauernd in ihm offenbaren und deren es sich noch nicht bewußt ist, ähnlich einem Tierchen, das die erstaunlichsten Fähigkeiten zeigt, ohne darum zu wissen, so daß die göttlichen Kräfte offensichtlich darin in Erscheinung treten. So ist auch das Kind ein Zentrum göttlicher Kräfte, die ununterbrochen einströmen und einen Reichtum sondergleichen entfalten. Zerstreutheit und Unberechenbarkeit des Kindes sind nur scheinbar; daß es nicht allzu lange bei einer Sache bleibt, ist nicht Mangel an »Konzentrationsfähigkeit«, sondern Ausdruck einer völlig unparteiischen Stellungnahme allen Dingen gegenüber.

Schade, daß sich die Erwachsenen kaum mehr an diese selige Zeit einer völligen Gleichheit gegenüber allem und mit jedem, wo der Vogel auf dem Baum, die Mücke in der Luft, Pferd oder Katze dem gleichen Interesse begegnen, erinnern können. Das Kind besitzt eine unvorstellbar lebhafte Phantasie, eine Kraft der Vorstellung, welche die unsrige weit übersteigt. Es ist darum Unsinn, ihm Lügenhaftigkeit andichten zu wollen, wenn es öfters Dinge behauptet, die mit äußeren Tatsachen im Widerspruch stehen.

Dem schöpferischen Willen des Kindes scheint Allmacht inne zu wohnen. Es ernennt einen Holzprügel zum Pferd, und siehe – schon ist er es auch, wie wir am Ernst des Kindes sehen, wenn es die selbstgeschaffene Kreatur pflegt und mit ihr um die Wette läuft. Ein geschnitzter Pflock, ein geschnürter

Lappen, wird zum Puppenkind, mit dem es stundenlange Reden führt, das es herzt und küßt, das es sorgsam bettet und dessen Verlust es mit heißen Tränen beweint.

Aus allen diesen Gründen ist das Kind dem Erwachsenen ein Rätsel. Unbegreifliche Wünsche, unerwartete Reaktionen, dazu ein unübersehbarer Reichtum an Eindrücken und Einfällen, Fragen ohne Zahl, die der kindlichen Wißbegier entspringen, stellen uns immer vor neue Aufgaben. Eine finstere Ecke, ein Tümpel, ein Kasten, eine Baumwurzel sind dem Kinde unerschöpfliche Fundgruben, erstaunliche Dinge, die mit Überraschungen ohne Zahl aufwarten und sein Gemüt beschäftigen.

Plötzlich wiederum befaßt sich sein Geist mit sich selbst. Stundenlang lauscht es inneren Bildern und Worten, die fesselnder und schöner sind als die ganze übrige Welt, von der es überhaupt keine Notiz mehr nimmt; oder dann einer Melodie, die es selbst vor sich hinsummt und die ihm trotzdem aus unendlichen Fernen zu kommen scheint.

Abb. 70: Zeichnung aus Arnold Henskes' Zeit als Grafiker.

Oder es wird zu einem eigentlichen Fragekasten, der einen geistigen Hunger ausdrückt, den niemand stillen kann. Alles möchte es erklärt haben, alles wissen, verstehen und begreifen, was ihm seine kindliche Phantasie nicht selber zu beantworten vermag.

Hier nun setzen die großen Gefahren ein. Fragen, die an Präzision und Folgerichtigkeit nichts zu wünschen übrig lassen und die im Grunde genommen auch jeden Erwachsenen lebhaft beschäftigen sollten, werden kurzerhand als Unsinn erklärt, abgewiesen, bespöttelt oder, was noch viel schlimmer ist, mit offenkundigen Lügen beantwortet, weil sie an die Denkkraft des Erwachsenen zu große Anforderungen stellen oder ausgerechnet zur Art jener Fragen gehören, denen er ohnehin ängstlich ausweicht. Ausweicht im Gefühl, ihre Verarbeitung könnte ihm selbst einige Schmerzen und Kämpfe verursachen.

Es sind gerade diejenigen Fragen, die, ewig unterdrückt und verdrängt, das ganze Leben des Erwachsenen belasten. Das Kind jedoch will Klarheit über sich selbst und alles, was es sieht. Wird es nun, statt Aufklärungen zu erhalten, mit Ausreden, Lügen, Verdrehungen abgespeist, so hat das fatale Werk einer durchaus negativen Erziehung begonnen. Es nimmt diese Widersprüche in sich auf, macht sie sich zu eigen und schafft sich so eine innere Welt, in der offensichtlich manches nicht mehr klappt und wo kein Ding mehr recht zum andern passen will.

Eine geistige Infektion, die Mißtrauen gegen die eigenen Kräfte und somit gegen sich selber, am Ende dann aber auch gegen seine Umgebung, ja gegen die ganze Welt züchtet. Die »Stimme in uns« verliert ihre überzeugende Leitkraft, und »Recht« und »Unrecht«, »Gut« und »Böse«, »Schicklich« und »Unschicklich« entstehen als Schranken, die aus seinem »Verstand« schließlich das machen, was er nicht sein soll, nicht ein

Abb. 71: »Unglaubliche Ausstrahlung«: Dajo während eines Vortrages.

Instrument des »Verstehens«, wohl aber eine überhebliche Instanz einer Zensur und Kritik, die sich gegen den eigenen Geist richtet.

Ein Diener, der sich über seinen Herrn aufgeschwungen hat und ihm beibringen will, was gute Lebensart sei. Harmlosigkeit und Übereinstimmung mit sich selbst werden abgelöst vom Gefühl eines inneren Mißtrauens, das früher oder später zu Katastrophen führen kann und auch im günstigsten Falle schwere Hemmung bedeutet. Ursprünglich Wesen ohne dämonische Gedanken, ausgestattet mit einer Phantasie, die ihm alle Fragen so beantwortete, wie es seinem Zustande angemessen war, aber von allem Anfang an den großen Fragen des Lebens unbekümmert zu Leibe rückend und so direkt auf Gott zustrebend, wird das Kind nun unsicher, stutzig, mißtrauisch und verschlossen.

Je mehr es irrige Vorstellungen der Erwachsenen aufnimmt, je mehr Dinge es sieht und hört, die einer geistigen Finsternis entspringen, je mehr es sich bemüht, sie zu verstehen, umso sicherer gerät es in die Schlingen dämonischer Besessenheit, weil das Nachempfinden solcher Gedankengänge der sicherste Weg dazu ist. Die reine Phantasie wird vergiftet und die Falschheit geboren, die ihre Nahrung dort sucht, wo es sie findet, in der Dämonie der Erwachsenen.

Das Kind verliert seinen Reiz der Unschuld und Unverdorbenheit. Es fängt an, uns zu irritieren. Wir entdecken in ihm höchst unsympathische Züge, die uns zu sehr an uns selbst erinnern, als daß wir nicht alles versuchten, den Hobel der »Erziehung« anzusetzen, um diese Schönheitsfehler auszumerzen. Ein aussichtsloses Bestreben übrigens, weil wir selbst ja diesen Trieben, die uns so sehr am Kinde mißfallen, durch unser eigenes Betragen, unsere eigenen Worte und Handlungen dauernd Nahrung zuführen.

Es ist, wie wenn wir dauernd uns bemühten, das entstellte Gesicht in einem Spiegel durch eifriges Putzen zum Verschwinden zu bringen, weil wir nicht merken, daß es unser eigenes ist, das eben solange herausschauen wird, als wir hineinblicken.

Die Phantasie des Kindes ist eine göttliche Kraft. Niemals soll sie unterdrückt, aber auch nicht durch uns auf ein falsches Geleise geschoben werden. Diese Phantasie, mit den Impulsen, die sie verleiht, ist die eigentliche Triebkraft des kleinen Menschen. Ohne sie kann er weder wachsen noch gedeihen. Entwickelt sich der Verstand als vom Erwachsenen beeinflußbare Kraft daneben nicht als anmaßende Kritik, sondern als Verstehen, dann wird aus dem harmonischen Zusammenwirken von Phantasie, Impulsen und Verstehen das geboren, was wir Inspiration nennen. Eine göttliche Kraft, welche den Menschen zu den wunderbarsten Taten und Werken befähigt.

Die größten Kunstschöpfungen, seien es solche der Malerei, Bildhauerei, Musik, technische Meisterwerke, große Erfindungen und Entdeckungen, geniale Taten, welche die Welt voranbrachten, sie alle sind Kinder einer reinen Inspiration. Nichts jedoch ist schlimmer als verdorbene, dämonische Inspiration, welche Schandtaten und Verbrechen sondergleichen gebiert und die normale Bosheit durch Meisterleistungen im negativen Sinne weit übertrifft. Verdorben jedoch wird die Inspiration allein durch falsche Erziehung, falsches Beispiel und falsche Lehre. Alles Leben ist ewig.

Der Mensch ist geboren zur Selbsterkenntnis und Gotterkenntnis, und was er auch durchmacht, dient nur diesem einen Ziel. Geburten und Tode wechseln, bis der Lauf vollendet ist, sei es hier oder in der geistigen Welt. Alles entwickelt sich stufenmäßig, in einem Kreislauf, der sich zugleich aufwärts bewegt und sozusagen das Bild einer Spirale, einer Wendeltreppe, bietet, auf der wir hinaufsteigend immer wieder an den gleichen Punkten, aber jedesmal eine Etage höher, vorüberkommen und immer umfassendere Ausblicke genießen. Wir erblicken mit der Zeit Dinge, die uns auf unteren Stufen völlig verborgen, aber für sich immer vorhanden waren.

Unser Standpunkt allein ist es, der sie vorübergehend unseren Blicken entzieht. So gibt es unentwickelte und entwickeltere Seelen, die wohl ihren Kreislauf wie wir, aber gleichsam auf einer höheren Ebene vollziehen. So kommt es auch, daß Kinder mit Fähigkeiten geboren werden, die zu erwerben für manchen ein ganzes Leben anstrengendster Bemühungen bedürfte.

Wie unklug wäre es von Eltern und Erziehern, Kinder, deren Wesen ihnen unbegreiflich erscheint, gewaltsam in die Schablone ihres eigenen Verhaltens pressen zu wollen. Das Wunder der kindlichen Impulsivität darf nicht unterdrückt werden. Ein Kind handelt frei und offen so, wie es ihm zumute ist, und reagiert auch ebenso, weil seine Äußerungen von keinen Berechnungen gelenkt werden. Sie sind unmittelbarer, reiner Ausdruck seiner anregenden Phantasie einerseits und reiner ungebrochener Widerhall der äußeren Dinge anderseits, so, wie sie ein treuer, sauberer Spiegel zeigt. Was im Kinde liegt, wie der zukünftige Baum im Samenkorn, läßt sich auch auf die Dauer nicht unterdrücken. Versucht man es trotzdem, so erreicht man das genaue Gegenteil, weil jede Hemmung die Wirkung von Impulsen und Reaktionen verstärkt.

Wer die Gewalt solcher Kräfte kennenlernen will, braucht sich ihnen nur entgegenzustellen. Der Dampf über kochendem Wasser bildet keine Gefahr, solange er sich frei entwickeln kann. Versucht man jedoch sein Spiel durch Aufschrauben eines Deckels zu verhindern, dann hat man allen Grund, sich zu fürchten, denn nichts ist imstande, sich solchen Naturkräften entgegenzustellen. Sie wachsen im Quadrate der Fesseln, die man ihnen anlegt, und eher werden Gefäße und Ketten zersprengt, als daß sie sich zwingen ließen.

Wer je versucht hat, die Gedanken der Freiheit, der Liebe, der Hoffnung und des Glaubens mit Gewalt zu unterdrücken, hat seine Vermessenheit teuer zahlen müssen. Sie werden schließlich jeden Widerstand überwinden, aber, weil sich dies stets in Form einer Explosion vollzieht, durch angerichtete Verheerungen den Fortschritt auf lange hinaus stören. Seien wir daher nicht überängstlich. Flößen wir dem Kinde kein Mißtrauen gegen seine eigene, göttliche Natur ein, sondern gewährleisten und behüten wir sein freies Spiel dadurch, daß durch uns selbst oder andere Erwachsene nicht von außen Schädigendes hineingetragen wird.

Das ist das A und O der Erziehung, nichts zu verderben, was Gott geschaffen hat. Wir können mit täppischem Zugreifen große Schäden anrichten oder aber dem Kinde durch das Beispiel unserer eigenen Wahrhaftigkeit die allerbesten Dien-

Abb. 72: »Herzlichkeit in Person«: Mirin Dajo im Haus der Familie Gubler.

Abb. 73: Auch Kinder fühlten sich in der Nähe des Holländers geborgen.

ste leisten. Die Verantwortung von Erziehern, nicht allein dem Kinde, sondern der ganzen Welt gegenüber, ist ungeheuer groß. Dessen wird man sich immer klarer bewußt. Jeder kann seine Arbeit auf dieser Welt nur in eben dem Maße zum Segen aller ausführen, als er sich selber kennengelernt hat.

Ebenso können wir auch unsern Kindern nur insofern behilflich sein, als wir uns selbst erkennen. Wissen wir selber nicht zwischen echt und unecht zu unterscheiden, so fehlt uns auch jeder Maßstab, um das Kind beurteilen zu können. Wir müssen es lehren, was wahr und unwahr ist, nicht aber, was einen »Vorteil« oder »Nachteil« einbringt, sonst stellen wir es von einem allgemeinen auf einen rein persönlichen Standpunkt, wo es bald auch glaubt, daß gut sei, was ihm Vorteile verschaffe, und böse, was es in Nachteil versetze.

Mit der Stimme der Wahrheit verliert es den sicheren Führer, dessen es für die Stürme des Lebens bedarf. Ohne diesen Führer wird es sich selber, dann auch die andern, aus dem Auge verlieren, wird es weder aus sich noch den andern mehr klug und sieht sich am Ende in selbstgelegte Schlingen verstrickt, aus denen es kein Entrinnen mehr gibt. Es wird durch bittere Leiden zahlen müssen, was Eltern und Erzieher an ihm gesündigt haben. Wohl wird es schließlich durch Schaden klug; aber wozu es durch die Fegefeuer der Schmerzen treiben, welche die geistige Entwicklung verzögern? Wozu ihm Höllen schaffen, wenn es ohne diese umso eher zum Ziel kommt?

Leiden sind Steine, die wir selber uns in den Weg legen. Irrtümer, an welchen wir uns die Füße blutig schlagen, bevor wir zur Einsicht kommen. Wer mutig auf Gott vertraut, sich keinen Schreckbildern des Verstandes hingibt, sondern alle Dinge ruhig an sich herankommen läßt, bevor er urteilt, wird nicht nur ruhig schlafen, sondern sozusagen überhaupt keinen Hindernissen begegnen. Wie die Schneeflocken über dem

Abb. 74: »Laßt den Kindern ihre Phantasie ...«

heißen Ofen scheinen sie wegzuschmelzen, bevor sie ihn erreichen.

Wer sich jedoch allein auf seine Schlauheit und Gerissenheit verläßt, der muß sich beizeiten alle Übel, die ihm nach seiner Auffassung möglicherweise begegnen könnten, gründlich vorstellen, um gegen alle gewappnet und vorbereitet zu sein. Durch diese Vorstellungen jedoch schafft er sie und zieht sie mit Gewalt zu sich heran, und je prompter sie eintreffen, umso mehr lobt er seine »Vorsicht«, die er immer eifriger in den Dienst seiner Interessen stellt.

Aus dem Laster des Mißtrauens gegen Gott wird so eine »Tugend«, die ihn langsam aber sicher in einen Sumpf hineintreibt, in dem er notwendig ersticken muß. Es sind die Keime eines Verfolgungswahns, der zu den wüstesten Greueln führt und immer ärgere Triumphe feiert, je mehr er sich durch die Ereignisse scheinbar als berechtigt und bestätigt erweist. Auch ein Kreislauf, auch eine Wendeltreppe, die aber unaufhaltsam abwärts führt, dem Brudermorde und der Selbstvernichtung entgegen.

Das Tragische ist, daß auch ein so irregeleiteter Mensch sein Bestes zu tun glaubt, wenn er seine Kinder möglichst frühzeitig in der gleichen »Weisheit« unterrichtet, so lange, bis sie ihren Mitmenschen geistig gleichsam bis an die Zähne bewaffnet gegenüberstehen, bereit, sich auf sie zu stürzen, um den Schlechtigkeiten (natürlich der andern) zuvorzukommen. In welcher Mühle die Menschheit auf diese Weise schließlich zermalmt wird, haben wir eben gesehen.

Lernen wir doch endlich die göttliche Ordnung wieder erkennen. Lernen wir, in allen Schwierigkeiten, die uns begegnen, die eigenen Fehler, nicht die der andern, zu sehen. Seien wir mutig, und vertrauen wir in allen schwierigen und schwierigsten Situationen auf Gott, ohne uns durch Schreckbilder unserer Phantasie einschüchtern und aus der Richtung bringen zu lassen.

Wem es gelingt, diese Teufelsfratzen aus sich zu entfernen und ein für allemal zu verbannen, der hat die Schlacht gewonnen. Kein Übel kann ihn ferner treffen. Und dann erst kann es ihm gelingen, seine Kinder wirklich zu »erziehen«. Er wird ihnen nichts anderes beizubringen versuchen als Gottesfurcht und restloses Gottvertrauen, das scharfe zweischneidige Schwert gegen alle Einschüchterungsversuche des Bösen, das sich ihm selbst bewährt hat in vielen Anfechtungen und das er daher mit vollster Überzeugung und Gewißheit in die Hände seines Kindes legen darf, bewußt, ihm damit mehr als Geld und Gut, das heute ist und morgen nicht mehr, mitgegeben zu haben.

Vollstes Vertrauen – in Gott! Vollstes Vertrauen – in deine Kinder! Das gibt vollstes Vertrauen der Kinder in die Eltern! Mehr braucht es nicht, um alle Erziehungsfragen mit einem Schlage zu lösen.

Über Sexualität

Halten wir uns das über die im Universum tätigen, verborgenen Kräfte und ihre Wechselwirkungen bereits Gesagte nochmals vor Augen, so konstatieren wir, daß sie im letzten Grunde, so unzählig ihre Abstufungen auch sein mögen, nur in zweierlei Richtungen wirken: Aktion und Reaktion, Ausdehnung und Zusammenziehung, Ausatmen und Einatmen, Geben und Nehmen, Ebbe und Flut, Schall und Echo – am besten ausgedrückt, als stete Trennung und Wiedervereinigung; ihr menschliches Abbild: Mann und Weib!

Diesem göttlichen Grundgesetz ist natürlich auch der Mensch, als Teil der Schöpfung, unterworfen, und diese Wechselwirkung zeigt sich bis in die feinsten Verästelungen seiner Beziehungen und seines Wirkens. Der ganze Alltag ist davon durchdrungen. Wir konstatieren es am Ladentisch und in der Familie und finden es wiederum im lebendigen Gespräch zweier oder mehrerer Menschen, wo jede Frage nach einer Antwort, jede Antwort nach einer Erwiderung ruft.

Diese Wechselwirkung im Universum wie im Menschen ist jedoch nicht nur ein ununterbrochener Kreislauf, sondern gleichzeitig eine Aufwärtsbewegung, eine Entwicklung vom Groben zum Feineren, vom Feineren zum Feinsten; sie läßt sich geometrisch in Form einer Spirale ausdrücken, einer Kreislinie, die sich gleichzeitig auch aufwärts bewegt.

Es ist die ewige Aufwärtsentwicklung, das Streben aller Dinge von Gott zu Gott! Leben, auf sich selbst gestellt, ohne Zufluß und Abfluß, ohne Verbindung mit allem uns Umgebenden, ohne ununterbrochenes Strömen von Kräften gibt es nicht. Ein solcher Zustand würde jede Entwicklung ausschließen. Auf jeder Stufe zeigen sich immer wieder andere, stets feinere und noch vollkommenere Aktionen und Reaktionen, und jeder Mensch, wo er auch steht, ist eingeschaltet in das lebendige

Spiel dieser göttlichen Kräfte, einer steten Einwirkung unterworfen.

Der Mensch ist die höchste Form des Lebens auf dieser Erde, das Höchste, was Gott in einem Körper von Fleisch und Blut zum Ausdruck bringen wollte. Dies vorausgeschickt, verstehen wir die geistige Bedeutung der Fortpflanzung, als Drang zum Leben, der sich überall bekundet, als Wille, das Leben weiter zu tragen, der Vollendung entgegen.

Es gibt kaum ein Gebiet des täglichen Lebens, das völlig frei wäre von Impulsen und Inspirationen, die nicht ihre Wurzeln irgendwo im Sexuellen hätten. Wir müssen lernen, das sexuelle Leben, den Trieb zur Fortpflanzung, wie wir ihn bei Pflanzen, Tieren und Menschen erblicken, als etwas durchaus Göttliches und durchaus Reines zu betrachten – eben darum, weil es aus göttlicher Quelle entstanden ist.

Wir sehen beim Menschen verschiedene Stadien sexueller Reaktionen, so wie sie die verschiedenen Stufen geistiger Entwicklung mit sich bringen. Je primitiver der Mensch, je größer sein Unverstand, desto heftiger, unkontrollierbarer und vorherrschender ist sein Verlangen nach sexueller Befriedigung als der für ihn einzig möglichen Form von Vereinigung.

Was man nicht erkennt, mit dem vermag man sich nicht ins Gleichgewicht zu setzen, und wo kein Gleichgewicht besteht, da äußert sich auch der Geschlechtstrieb in verzerrten Formen, weil Unausgeglichenheit normale Reaktionen ausschließt. Diese Erscheinungen sind nicht zu vermeiden, weil auch der geistige Fortschritt ein natürliches Wachstum, keine sprunghafte Entwicklung ist. Es kann keine Stufe übergangen werden.

Aber mit wachsender Einsicht und aus geübterem Verstande erwachsen dem ungeregelten Geschlechtstrieb Gegengewichte, die ihn normalisieren. Jede unerkannte Kraft, eine Kraft also, mit welcher sich unser Gefühl und unser Verstand noch nicht in volle Übereinstimmung gesetzt hat, wirkt notwendig blind, und jede blind wirkende Kraft, wiewohl aus göttlicher Quelle entsprungen, bildet eine Gefahr.

Je unbefangener man daher der Geschlechtskraft gegenübersteht, je weniger man vor ihr die Augen verschließt, je mehr man sie zu begreifen und zu erkennen trachtet, umso sicherer äußert auch sie sich in geregelten Bahnen, weil sie sich auf solche Weise mit unserer Einsicht vereinigt und in Übereinstimmung damit wirkt.

Wie sehr gerade die allerfrüheste Erziehung unser ganzes Leben zu beeinflussen vermag, weiß jeder. Wer darum seine Kinder vor allen Verirrungen des Geschlechtslebens bewahren will, der scheue sich nicht, sie frühzeitig, aber in dem Kinde angepaßter Form, auf das göttliche Wunder des Geschlechtes aufmerksam zu machen. Das Aufkommen unreiner Auffassungen, welche die Unbefangenheit des Kindes zerstören könnten, brauchen wir dabei in keiner Weise zu fürchten, sofern nur wir selbst uns jederzeit soviel Unbefangenheit zu wahren vermögen, daß wir im Geschlechtstrieb etwas durchaus Natürliches, durch und durch Reines zu erblicken vermögen.

Unser Gottesbegriff

In religiösen Dingen begegnen wir einer Verschiedenheit der Auffassung über ein und dieselbe Sache – Gott –, die uns nachdenklich stimmen muß. In der Tat wechselt der Gottesbegriff je nach Zeitalter, oft von Volk zu Volk, und mit ihm auch die Aktionen und Reaktionen, die ein Gefühl wie der Glaube notwendig auslösen muß.

Der Laie empfindet diese Verschiedenheiten als Widersprüche und wirft sich – unvermögend sie zu lösen – dem Unglauben in die Arme! Wer die genannten Erscheinungen jedoch näher prüft, entdeckt darin die gesetzmäßige stufenweise Entwicklung ein und desselben Grundgedankens, dessen Wandlungen sich in den verschiedenen Religionen und ihren Kulthandlungen widerspiegeln. Kultstätten und Kulthandlungen bezwecken, dem Gläubigen den unsichtbaren Gott – so wie man ihn sich jeweils dachte – begreiflich zu machen. Keine der großen Religionen widerspricht daher im Grunde den andern. Ihre Verschiedenheit besteht nicht im Zweck, sondern nur in den Mitteln, welche sich der jeweiligen Aufnahmefähigkeit der Völker anpassen mußten.

Verschmäht es der einmal von der Zweifelsucht gepackte Mensch, sich dieser gebahnten Straßen und Brücken zum Unsichtbaren zu bedienen, dann muß sein religiöses Empfinden verkümmern, sofern es ihm nicht gelingt, auf anderen Wegen heimzufinden – zu Gott!

Eines Weges, eines Mittels, eines Mittlers bedarf er immer, weil sich reine Kräfte wohl empfinden, aber sinnlich nie unmittelbar wahrnehmen lassen. Im Reiche der Sinne kennen wir sie nur aus ihren Wirkungen, so etwa wie die flatternde Rauchfahne uns dazu dient, die unsichtbaren Bewegungen der Luft wahrzunehmen, wenn unser Gefühl zu abgestumpft ist, um sie direkt empfinden zu können.

Was sich nicht auf Wahrnehmungen, seien es innere oder äußere, gründet, vermögen wir nicht zu erfassen. Wir müssen uns daher, wenn uns die religiösen Symbole nicht mehr genügen, an die Schöpfung, an das lebendige Abbild Gottes und seines Wirkens halten, um ihn uns näher zu bringen, und nach dem Gesetz der Analogien (Entsprechungen) die um uns und in uns tätigen geistigen Kräfte kennenlernen. Die Natur hat überall nur ein Gesetz, sie ist niemals müßig, uns dieses in Tausenden von Variationen vor Augen zu führen.

Wie weit es die Menschheit jeweils verstanden hat, aus dieser lebendigen Anschauung göttlichen Wirkens Nutzen zu ziehen, darüber belehren uns am besten die Wandlungen des religiösen Empfindens, wie sie in Religionen und ihren Gebräuchen ihren Niederschlag fanden. Dem Forscher öffnet sich hier ein weites Feld. Und nun interessiert wohl vor allem die Frage: Wie steht es mit unserem Gottesbegriff? Da ziemt uns – ohne langes Besinnen – Demut und Bescheidenheit. Für allzu viele unter uns sind Kirchen und religiöse Gebräuche Formen ohne Inhalt geworden. Die Leere des Herzens, und mit ihr eine Art geistiger Bankrott, lassen sich nicht mehr länger verbergen.

Wir glauben, den Zenit alles Wissens erreicht zu haben, und sind in Wahrheit ärmer denn je. Was uns bleibt, ist eine zwar auch schon erschütterte Überheblichkeit, die sich auf Kosten des religiösen Empfindens entwickelt hat. Doch auch Demut und Bescheidenheit – nicht Selbsterniedrigung – sind Zeichen geistiger Fortentwicklung inmitten des Chaos von heute. Sie sind der negative Ausdruck wachsender Einsicht in das Walten überragender Kräfte, denen wir uns anzupassen, die wir aber nicht zu meistern vermögen. Verstand und Klugheit erkennen die Grenzen ihres Wirkens, und wohl ihnen, wenn es dabei bleibt.

Wissenschaft ist notwendig, aber sie vermag unseren Durst nach Erkenntnis nicht zu stillen. Sie analysiert und zerlegt. Der Glaube jedoch strebt nach Vereinigung. Wie käme der zeitliche Mensch dazu, das ganze Universum zu erforschen, um auf wissenschaftlichem Wege den Anblick der Einheit zu gewinnen?

Wirklich erfassen und zu unserem geistigen Eigentum machen können wir doch wohl nur das, was wir uns noch klar vorstellen können. Etwa den Begriff »Kilometer«, wenn wir ihn zu geläufigeren Abmessungen, wie Schritten, in Beziehung bringen. Wir wissen dann, daß ein Kilometer 10 bis 15 Minuten Gehen bedeutet. Unter Zuhilfenahme einer Weltkarte vermögen wir uns allenfalls noch eine Vorstellung davon zu machen, was 1000 Kilometer zu bedeuten haben. Aber versuche einer, sich 300000 Kilometer, die Entfernung, welche das Licht in etwa einer Sekunde durcheilt, vorzustellen?

Da versagt ganz einfach unsere Phantasie. Und noch unmöglicher wäre es, uns die Entfernung der Sonne von der Erde, welche das Licht in acht Minuten durcheilt, auszudenken! Oder etwa Entfernungen, welche Lichtjahren, Lichtjahrhunderten, ja Lichtzeitaltern, entsprechen? Einfach unmöglich!

Und überall pulsierendes Leben, vom unendlich Größten bis zum unendlich Kleinsten, das, ein getreues Abbild der Weltsysteme, aus Atomkernen mit rasend schnell kreisenden Elektronen besteht! Und diese grenzenlose, allgegenwärtige Kraft, die sich im Universum in jede Richtung ausdehnt, unfaßbare Summen divergierender und korrespondierender Kräfte ausstrahlt, umfaßt nicht bloß das Reich uns sinnlich wahrnehmbarer grober oder feiner Stoffe, sondern auch das nur dem geistigen Auge sichtbare Reich astraler Kräfte.

Wer zählt die Arten kosmischer, nur von den Instrumenten des Wissenschaftlers nachweisbaren Strahlungen von unglaublicher Durchschlagskraft? Unfaßbare Distanzen überbrückend, reichen sie von Weltsystem zu Weltsystem, von Stern zu Stern, ein lückenloses Ganzes bildend. Wir sehen ein, daß Hunderte von Menschenaltern niemals ausreichen würden, um auf wissenschaftlichen Wegen das Ganze als solches zu erfassen, und daß alles so erworbene Wissen notwendig Stückwerk bleiben muß.

Wir befinden uns in der Lage eines Kunstbeflissenen, der, viel zu nahe über das Gemälde gebeugt, durch Studium der einzelnen Farbkörner dem Sinn des Ganzen näher zu kommen hofft, der sich doch nur bei genügend Abstand erkennen läßt! Solange wir der Ansicht huldigen, alle Ozeane ausschöpfen zu müssen, um die Eigenschaften des Wassers zu studieren, kommen wir an kein Ende, und Gotterkenntnis wäre für uns eine Chimäre.

Es war zweifellos ein unerhört kühner Versuch Christi, einer in die Vielheit verstrickten Welt den simpeln Rat zu erteilen, sich an Stelle des Ozeans an den Tropfen zu halten; Gott statt außen – im eigenen Herz zu suchen! Gott ist weder ein über den Wolken thronendes Wesen, noch ein bloßer Begriff. Lebendig in allen seinen Werken, wunderbar in seinem Ebenbild, dem Menschen, steht er vor unseren Augen, und nirgendwo anders als hier müssen wir ihn erfassen!

Das setzt eine gewisse geistige Reife voraus, und wir verstehen, weshalb Whram in den Zeiten von Atlantis, Hai-Ho-Nan im alten China und später auch Buddha sich niemals über die Grundursache aller Dinge ausgesprochen haben. Sie lehrten die Menschheit von damals in der schönen, bilderreichen Sprache des Ostens, so viel sie erfassen und zum geistigen Eigentum machen konnte.

Es waren weise Lehren darüber, wie sie leben, und wonach sie streben solle, aber keine Darstellung eines allgegenwärtigen, allweisen und allgütigen Wesens, aus dem und zu dem alle Dinge sind und das wir Gott nennen. Wohl trat schon in fernen Zeiten ein Glaube zutage, daß die Vielfalt von Erscheinungen auf eine gemeinsame Quelle zurückzuführen sei, welche man in der Sonne erblickte. Aber er vermochte noch nicht, sich vom sinnlich Sichtbaren zu lösen und in das Reich der Idee aufzuschwingen.

Doch tut man nicht Unrecht, wenn man im Kult der Sonnenanbetung bereits den Keim der späteren monotheistischen Religionen erblickt, die einen einzigen Gott, sei es nun als Persönlichkeit oder als Allkraft, lehrten.

In Buddhas Lehre hat man, ganz zu Unrecht, eine bestimmte Art von Atheismus, die eigentliche »Religion ohne Gott« erblicken wollen. Weit gefehlt!

Buddha, dem die im Universum wirkende Ordnung und Gesetzmäßigkeit nicht entging – wie hätte er sonst seine Lehre vom Karma entwickeln können? – war sich darüber klar, daß Ordnung ohne Absicht nicht möglich sei und daß Absicht notwendig das Bewußtsein in sich schließen müsse. Es blieb ihm also nicht verborgen, daß die Schöpfung das Werk einer bewußt wirkenden Kraft – eben Gottes – sei.

Es sei in diesem Zusammenhang erlaubt, dem alten Vorurteil, daß der Atheist ein moralisch minderwertiger Mensch sein müsse, zu Leibe zu rücken. Auch er ist bestimmt, wie wir alle, ein Suchender. Zweifellos beeindruckt auch ihn die Harmonie der Schöpfung, wenn er auch dahinter vorläufig nichts anderes als blind wirkende Kräfte zu erblicken vermag. Es fehlt ihm die Einsicht, daß gerade die vollkommene Kraft keiner Überlegung bedarf, um zu wirken, so etwa wie der Vogel, als Inkarnation des Fliegens, auf alle aerodynamischen Studien verzichten kann. Doch fühlt, denkt und handelt auch der Atheist göttlich, und es spricht durchaus zu seinen Gunsten, daß er dort, wo er nicht mehr zu glauben vermag, auch nicht zu heucheln versucht.

So wie Buddha, zögerte auch Lao-Tse, einen bestimmten Gottesbegriff zu formulieren. Ähnlich wie früher Hai-Ho-Nan drückte er sich (im TAO-TE-KING) aus: »Könnte TAO (das Absolute, Gott) mit Worten erfaßt werden, dann würde das ewige, unendliche TAO nicht sein«, und weiter: »Sie, die über TAO sprechen und es zu verstehen wähnen, kennen TAO nicht.« Auch spätere Lehrer umschrieben ihren Gottesbegriff nicht näher.

Selbst Jesus, diese strahlendste Offenbarung Gottes im Menschen, übte in einer weitaus aufgeschlosseneren Zeit in dieser Hinsicht eine gewisse Zurückhaltung. Er verkündete im allgemeinen durch Worte und Werke einen Gott, aus welchem alles entstanden ist und zu welchem alles wiederum zurückkehrt; er sprach von einem Gott in der Höhe, von einem Gott in der Tiefe, ja von einem Gott im eigenen Herzen. Er lehrte ihn auf eine Weise, wie es keiner vor ihm und nach ihm getan hat, und brachte so der Welt das Licht, das bis zu uns herüberleuchtet. Von ihm empfing die Welt wohl den entscheidendsten Anstoß zu einem geistigen Erwachen, welches sie befähigen sollte, Gott in sich selber zu entdecken.

Mohammed schöpfte aus gleichen Quellen wie Christus. Die scheinbaren Verschiedenheiten sind auch hier die Folgen einer gewissen Gebundenheit an Zeit und Ort, der Rücksichtnahme auf die geistige Verfassung ihrer Zuhörer. So trat, aus fernen Zeiten, der Gottesbegriff – zuerst nur angedeutet, dann immer klarer – in Erscheinung, bis er nach mannigfachen Wandlungen die heutige Gestalt erreichte. Auch diese weist noch Unterschiede auf, die manchenorts zu Spaltungen führen. Vergeistigtere Gottesbegriffe lösten die primitiveren ab, immer noch lückenhaft und damit allerlei Wahnvorstellungen, dämonischen Kräften Raum lassend, die zu blutigen Kriegen, Widerständen, Feindschaften, Verfolgungen, Verketzerungen und Folterungen führten.

Wer einsieht, welche Rolle dabei den Gottesbegriffen als solchen zukam, wird noch besser verstehen, weshalb Jesus es vermied, einen solchen zu gestalten. Damit, daß ein solcher Begriff geboten wird, steht die Menschheit in Gefahr, einer dämonischen Besessenheit entgegenzugehen. Ein Begriff bedeutet Erstarrung, bedeutet eine Schranke; er schafft ein Hüben und Drüben, ein Pro und Contra, eine Stauung, welche den geistigen Fortschritt unterbindet. Darum das Gebot: »Du sollst Dir kein Bild noch irgend ein Gleichnis machen ...«

Begriffsbildung bedeutet Abkehr von der unmittelbaren Anschauung und damit Trennung von den lebendigen Kräften. Sie hindert uns geradezu daran, Gott in uns selbst zu empfinden und uns mit ihm zu vereinigen. Entweder fühlen wir die

Kraft in uns selbst – dann wissen wir Bescheid; oder wir ersetzen sie durch einen Begriff – dann ist sie für uns entschwunden.

Das scheint kompliziert, ist es aber nicht. Nehmen wir ein einfaches Beispiel: Wer Rad fährt, wahrt sein Gleichgewicht, ohne die mindeste Überlegung. Die Kraft der Gleichgewichtserhaltung wirkt in ihm und durch ihn. Überlegt der Fahrer zum voraus, wie er diese oder jene Schwankung zu parieren, diesem oder jenem Hindernis zu begegnen habe, so stürzt er sicher. Überlegungen sind kein Ersatz für die Anwesenheit der Kraft selbst!

Wer sich darüber klar zu werden und es anzuwenden vermag, ist Gott erheblich näher gekommen. Wir stehen nicht über Gott, daß wir als ein bloßer Teil der Schöpfung ihn verstandesmäßig zu erfassen vermöchten. Als Teil jedoch sind wir unmittelbar mit ihm und allen anderen Gliedern verbunden und brauchen seine Kräfte nur in uns wirken zu lassen, um das Ziel unseres Lebens zu erreichen.

So wie die Kunst des Radfahrens nicht im Studium komplizierter Formeln über die Wahrung des Gleichgewichts, sondern in vollster Hingabe an die gleichgewichterhaltende Kraft selbst besteht, so besteht die Kunst des Lebens in der restlosen Hingabe an Gott, der um uns und in uns wirkt, wenn wir ihn gewähren lassen. Entschlagen wir uns also mutig unserer Sorgen und Grübeleien, und werfen wir uns in den Ozean seiner Güte, dessen Wellen uns sicher tragen werden!

Was immer die Menschheit erlitten hat, sind Prüfungen und Läuterungen auf dem Wege zu Gott – Schmelzprozesse, welche uns von Schlacken befreien. Noch ist unser Verstand dem Irdischen verhaftet, aber immer mehr nimmt das Gefühl überhand, daß wir alle Kinder Gottes seien – arm, wenn wir uns auf uns selbst verlassen, aber groß in der Vereinigung mit ihm!

2000 Jahre ist es her, seit Jesus der Welt ein Licht brachte, von dem wir heute noch zehren. Er zeigte am Beispiel, was der Glaube, die volle Hingabe an Gott, vermag. Was uns blieb, sind seine Worte; seine Werke kennen wir nur noch aus der Beschreibung. Aber auch an ihnen nagt die Zweifelsucht. Man verweist sie ins Reich der Fabel oder führt sie auf Hypnose oder Sinnestäuschungen zurück und entwertet so die letzten Zeugnisse geistiger Kraft.

Gewiß hat sich Gott zu allen Zeiten dem ernstlich Ringenden offenbart. Aber solche Männer und Frauen hielten ihr Glück verborgen und hüteten sich, ihr Pfand von der Außenwelt in den Kot treten zu lassen. Die neuen Experimente aber wollen Zeugnis dafür sein, daß die gleichen Kräfte unverändert und am Werk sind, wenn wir uns gläubig ihnen unterstellen und sie anrufen. Beweise geistiger Kraft allein noch sind es, welche dem Gedanken der Gotteskindschaft neuen Auftrieb geben und die Haßverbundenheit der Welt durch eine universelle Bruderschaft ersetzen können.

Dürfen wir denn im Ernst unseren Nächsten den Vorwurf machen, nicht so vollkommen zu sein, wie wir es gerne wären, aber nicht sind? Dürfen wir von Kindern die Einsicht Erwachsener verlangen? Nein und abermals nein! Wozu denn Feindschaft statt Verständnis, Feindschaft, die niemals bessert, sondern nur verschlimmert? Hüte sich jeder vor Wahngebilden! Feinde, das gibt es nicht. Was es gibt, sind Freunde, die Fehler machen, Fehler wie wir auch. Denn Gottsucher sind wir im Grunde genommen alle, gleichgültig, ob uns dies bewußt ist oder nicht.

Reichen wir uns daher als Weggenossen die Hand. Ein Namenloser, stehe ich vor Euch, um durch Taten zu beweisen, was Worte allein nicht mehr vermögen: Es ist ein Gott, und wer ihn ernstlich sucht – von dem läßt er sich finden!

Die verborgenen geistigen Kräfte

Wer geistige Kräfte erforschen will, muß sie in sich belauschen. Dort lassen sie sich fühlen, sehen und hören; die Dinge rund um uns zeigen uns nur ihr Äußeres. Selbsterkenntnis ist daher der unerläßlichste Schritt für jeden, der sich den verborgenen geistigen Kräften nähern, sie erkennen und sich mit ihnen vereinigen will.

Der erste Schritt zur Selbsterkenntnis jedoch ist, daß wir die Gabe der Selbstbetrachtung erkennen und ausbilden. Wir haben äußere und innere Sinne. Mit den ersteren sehen, hören und fühlen wir nach außen. Mit den letzteren blicken wir in beschaulichen Stunden nach innen; wir spüren das Aufsteigen der Gedanken; wir sehen innere Bilder, welche die Phantasie fast ununterbrochen erschafft; wir nehmen Gefühle wahr, die uns durchströmen.

Während des Schlafes, im Traume, sind alle inneren Sinne in so lebhafter Tätigkeit begriffen, daß wir uns dort vollständig in einer geistigen Welt bewegen. Diese Gabe, nach innen zu sehen, zu hören und zu fühlen, gilt es nun bis zur Meisterschaft auszubilden, denn im Innern liegt die verborgene Quelle aller unserer Gefühle, unserer Gedanken und unserer Handlungen. Sie bestimmt unser Leben; sie formt unser Schicksal, und so wie sie es gestaltet, so müssen wir es tragen!

Das Naheliegendste und Wichtigste für einen jeden Menschen sollte es – so will mir scheinen – daher sein, sich selbst kennenzulernen! Unsere Zeit richtet die Blicke einseitig nach außen. Es gibt kaum etwas, das sie nicht schon erforscht hätte. Aber wer wir selbst sind und was wir selbst sind, darüber schmachten wir in Unwissenheit. Wir benutzen unsere Sinne und unsere Gefühle, um uns äußeres Wissen anzueignen, oft genug ein Scheinwissen, das heute besteht und morgen vergeht. Wir reagieren ununterbrochen auf die verschiedenste Art und Weise auf alles, was uns umgibt; aber keiner forscht danach, wer in ihm sieht, hört und fühlt; wer in ihm so und anders reagiert; wer in ihm spricht, in ihm haßt und liebt, und welche Kraft es ist, die alle Glieder bewegt zum täglichen Werk.

Das größte aller Wunder ist der Mensch selbst! Wer achtlos daran vorbei geht, hat sich selbst verloren! Welche äußeren Errungenschaften, Scheinehren, Erfolge, Ansehen, vermöchten jemals diesen Verlust – den Verlust unseres Selbst – zu ersetzen? Wer sein Inneres zu erforschen beginnt, steht anfangs einer völlig unbekannten Welt gegenüber. Er ist in der Lage eines Kindes, das, in einem unbewachten Augenblick der mütterlichen Hand entschlüpft, zum ersten Mal auf die Straße gelangt. Geblendet von der Flut des Lichtes, von tausend unbekannten Dingen, verliert es seine Sicherheit.

Motorenlärm, vorbeirasende Wagen – Dinge, die dem Erwachsenen ganz geläufig sind – bringen es vollends aus der

Abb. 75: Oft weilte der Wundermann in einer »anderen Welt«.

Fassung. Es erschrickt, fängt an zu weinen und hat nur den einen Wunsch, zu flüchten; zurück in die Stube, zurück an die Hand der Mutter. Später fängt es an zu begreifen; sein Verstand wächst und übt sich; es weiß zu unterscheiden und erkennt, was ihm vordem dunkel und unheimlich war. Zum Schlusse bewegt es sich völlig sicher in eben jener Welt, die ihm früher maßlosen Schrecken einjagte. Genau so geht es uns beim Übertritt in die uns völlig neue Welt des Innern.

Auch wir sind in der Lage eines Kindes, das die Dinge anfänglich weder zu deuten noch zu erkennen vermag; lassen wir uns aber weder einschüchtern noch entmutigen, bleiben wir beharrlich, dann gewinnen die neuartigen, verwirrenden Erscheinungen Gestalt und Zusammenhang. Sie werden uns vertrauter. Wir lernen begreifen, und am Schluß möchte keiner das neuerschlossene Reich der eigenen Seele jemals wieder vermissen.

Solange wir es nicht erkennen, sind wir in Tat und Wahrheit das Werkzeug blinder Kräfte. Wir lassen uns führen und schieben, ohne zu wissen von wem und noch weniger wohin! Die Folgen jedoch haben wir allein zu tragen. Wem könnte ein solcher Zustand auf die Dauer gefallen? Wer wäre im täglichen Leben bereit, jemandem, den er gar nicht kennt, eine Generalvollmacht nicht allein über sein gesamtes Hab und Gut, sondern auch über Leib und Leben, ja sogar dasjenige seiner Angehörigen, die auf ihn angewiesen sind, auszustellen?

Kopfschüttelnd würde jeder einen solchen Menschen betrachten. Aber – halten wir es in geistigen Belangen anders? Diese Erklärungen sind für jeden Menschen, stehe er wo er wolle, verständlich. Es ist von größter Wichtigkeit, sich über diese Zusammenhänge völlig im Klaren zu sein.

Die Wahrheit wird uns alle freimachen, und diese geistige Freiheit wird alle Menschen vereinen, die guten Willens sind.

So wird die universelle Bruderschaft entstehen, eine Bruderschaft sehend Gewordener, einsichtig und stark genug, dem rasenden Gespann von Blindheit, Tod und Vernichtung in die Zügel zu fallen und es zum Stehen zu bringen! Von Gott ist der Mensch erschaffen. Zu Gott muß er wieder zurück, und wenn der Weg dazu Millionen von Jahren dauern sollte. Für jeden von uns schlägt einmal die Stunde der Erlösung, sei es in dieser oder jener Welt; die Stunde, wo die Nebel sich zerteilen, wo die Schleier zerreißen und das Licht sich uns in strahlendem Glanze offenbart.

Wer keine Umwege macht, sein Leben nicht vertändelt, wird noch in dieser Welt zu einer Reife gelangen, die dem Tod allen Schrecken nimmt. Verlieren wir daher keine Zeit. Jeder von uns kann sich wenigstens für eine Stunde im Tage in sein Kämmerlein, in einen stillen Winkel zurückziehen, wo er nichts anderes zu tun braucht, als in sich hineinzuhorchen, um der Dinge gewahr zu werden, die in ihm vorgehen. Keiner vermesse sich, korrigierend dazwischenzufahren, wenn er Regungen und Gedanken wahrnimmt, die ihm aus irgendwelchen Gründen nicht passen. Ein Zuschauer nur, später ein Bewundernder, nicht aber ein Schulmeister und Besserwisser, stehe er seinem Innern gegenüber.

Erst in zusammenhanglosen, öfters verwirrenden Bildern, Gedanken und Gefühlen, wird sich eine innere Welt kundtun; später gewinnt sie Zusammenhang und Gestalt. Ehrfurcht ist am Platze – denn wir stehen an der Pforte des Tempels, und Ehrfurcht allein kann uns würdig machen, die Schlösser, eines ums andere, zu öffnen. Ausdauer ist nötig, denn nur dem Beharrlichen enthüllen sich die Geheimnisse des Geistes. Auch im äußeren Leben sind Jahre erforderlich, um eine Kunst, ein Handwerk, zu erlernen. Die Kunst des Lebens verlangt nicht weniger Hingabe!

Wir müssen wissen, daß wir Kinder Gottes sind, welchen er

Abb. 76: »In jedem Mensch schlummern verborgene Kräfte!«

all seinen Reichtum geschenkt hat. Wenn wir darben, weil wir uns nie die Mühe genommen, ihn zu suchen – wer wollte Gott dafür tadeln? Der Mensch, das edelste Geschöpf, ist seinem innersten Wesen nach göttlich. Als Teil der Schöpfung ist er eingegliedert in den lebendigen Kreislauf aller Kräfte des Himmels und der Erde, die ununterbrochen in ihm und um ihn wirksam sind. Frei, wenn er sich ihnen hingibt, im Irrtum gebunden, wenn er davor die Augen verschließt.

Was er auf der unrechten Bahn gesammelt, muß erst beiseite geschafft werden, um die verborgenen Quellen wiederum bloßzulegen und zum Fließen zu bringen. Daher stehen einfache, unverbildete Menschen Gott näher als diejenigen, die sich mit allzu viel äußerem Wissen vollgestopft haben, sich darin gefallen und es kaum über sich bringen, noch etwas lernen zu wollen! Wir sind und leben aus Gott und in Gott und streben nach Vereinigung mit Gott, wenn uns das Gottesbewußtsein nicht abhanden gekommen ist.

Sobald der Mensch sich als ein Eigenes, etwas gänzlich auf sich selbst Stehendes, von allem und jedem Getrenntes denkt, ändern sich auch alle seine Reaktionen. Sucht nach Gewinn – für sich natürlich! –, Angst vor Verlust – durch andere natürlich! –, Streben nach Macht und Einfluß – über andere natürlich! – keimen auf und beherrschen ihn schließlich völlig, so daß ihn die Verluste anderer (die seinen Gewinn bilden!) erfreuen, die Gewinne anderer (weil sie nicht die seinen sind) aufrichtig betrüben und die gesellschaftlichen Erfolge anderer (weil sie die Aufmerksamkeit von ihm ablenken) mit dem Gift des Neides und der Eifersucht erfüllen.

Ferne einer göttlichen Verbundenheit mit allem Leben, denkt und handelt ein so Irregeführter wie ein Geschöpf der Hölle. Falsche Handlungen lösen ununterbrochen falsche Rückwirkungen aus, bis es ihm endlich gelingt, sich von den Voraussetzungen, die all sein Tun bestimmen, zu befreien, oder bis er in seinem selbstgewobenen Netz hilflos wie ein Fisch zappelt, weil der Egoismus den Zustrom göttlicher Kräfte unterbindet.

Ein solcher Mensch zehrt von seinem Kapital an Lebenskräften, und es ist nur eine Frage der Zeit, wann er seinen geistigen Bankrott eingestehen muß. Er schwimmt dauernd gegen den Strom, bleibt trotz der Illusion einer Vorwärtsbewegung auf der gleichen Stelle, deren Behauptung ihm Tag und Nacht die größten Mühen macht. Endlich fühlt er seine Kräfte schwinden; der geistige Strom wird übermächtig – und mit Entsetzen sieht er sich fortgetragen, ein Ertrinkender, dessen letzter Schrei nach Erlösung den satanischen Zauber bricht – ihn auf glitzernde Wellen, freundliche Ufer und den ruhig ziehenden Strom göttlichen Erbarmens blicken läßt, der ihn sicher und ruhig seinem Ziele entgegenträgt, der Befreiung von Sorgen und Ängsten, von Sünden und Verbrechen, die ihn ein Alptraum der Vereinzelung begehen ließ.

Eine solche von Grund auf falsche Einstellung, mit falschen Handlungen und Rückwirkungen, mit allen unrichtigen daran geknüpften Gedanken, nenne ich dämonisch! Meine Leser werden diesem Ausdruck immer wieder begegnen, und es ist daher gut, wenn sie sich darüber klar werden, was er im Grund besagen will: Blinde, in verkehrter Richtung wirkende Kräfte sind dämonische Kräfte; eine Seele, die von ihnen völlig beherrscht wird, und in welcher sie sich gleichsam personifiziert finden, ist ein Dämon!

Wieviel Leiden, Krankheiten, Unglück, das wir mitmachen, Kriege welche die Welt erschüttern, stammen doch aus dieser Quelle. Sie zu verstopfen ist eine schwere, aber keineswegs unmögliche Arbeit. Unser Verstand muß bis in die tiefsten Tiefen unseres Inneren herabsteigen, bis sich die dort tätigen Kräfte mit ihm verbinden, so gleichsam sehend werden, und sich ihren geregelten wohltätigen Ablauf sichern; die in den

Tiefen unseres Inneren wirkenden geistigen Kräfte wiederum müssen sich bis in unseren Kopf, unseren Verstand erheben, um ihn mit göttlichen Impulsen und ihrer Vitalität zu speisen.

Eine Verbindung von Oberem und Unterem, innerer und äußerer Kräfte, die den Menschen erst vollkommen macht und deren Zusammenwirken und Ineinanderfließen das Ende innerer Zerrissenheit und die Wiederherstellung des Gleichgewichts, der Harmonie bedeutet. Dieses Ziel ist jedem Menschen vorgeschrieben. Wer nicht so viel Einsicht aufbringt, um mit allen Kräften aus eigenem Antrieb danach zu ringen, für den übernimmt das Schicksal diese Aufgabe.

Unter Schicksal verstehen wir den ungewollten, sich von selbst vollziehenden Ausgleich widerstrebender Kräfte, so etwa, wie sich die Behörden eines schlechten Haushalters annehmen und ihn mit Gewalt zur Ordnung seiner Angelegenheiten treiben, ohne daß er selbst noch viel dazu zu sagen hätte. Zerwürfnisse, Krankheiten, furchtbares Leid, Trauer und Verzweiflung, Mißernten, Krieg und Hunger sind die harte Schule des Lebens, die uns immer deutlicher machen, daß keiner von uns nur für sich selbst hier steht.

Diese harte Schule ist notwendig für den, der anders nicht sehen lernt. Wer sich mit der Binde über den Augen auf die Straße wagt und sich darauf bewegt, der kann des schlimmen Ausgangs gewiß sein. Es wird nicht ohne Beulen, ohne Knochenbrüche abgehen. Aus diesem Grunde sind wir genötigt, Sehen, Einsehen zu lernen, wenn wir uns nicht alle Augenblikke den Kopf anstoßen wollen. Gewiß, diese Beulen dienen schließlich dazu, uns die allgemeine Richtung zu weisen! Es sind Prüfungen, die uns läutern, und, nach Umwegen, doch auf den richtigen Pfad führen.

Aber wieviel Leid bedeuten sie für uns und andere! Leid, das wir uns und ihnen ersparen können, sobald wir uns überlegen, daß wir in erster Linie richtig sehen lernen müssen, bevor wir zum Gehen fähig sind. Der Weg der Beulen und Schrammen ist der Weg des Leidens, ist Karma, das wir uns mit unserer Weigerung, die Augen zu öffnen, unfehlbar auf den Hals ziehen. Die Augen zu öffnen, ist der Weg der Erkenntnis, um vieles leichter und angenehmer als jener. Bei uns selbst müssen wir beginnen. Wie können wir andere begreifen, solange wir uns selber fremd sind?

Gegenseitiges Verstehen ist die Brücke von Mensch zu Mensch, vom Mann zur Frau und umgekehrt, vom Unternehmer zum Arbeiter, vom Arbeiter zum Unternehmer, zwischen Eltern und Kindern. Dieser Brücke können wir niemals entraten. Mißverständnisse auf allen Seiten, die Flut der Ehescheidungen, Entfremdung überall beweisen es. Werden die Reifen gegenseitigen Verständnisses, die wir zuerst für uns allein schmieden müssen, vom Rost des Unwissens zerfressen, fällt unfehlbar das ganze Faß auseinander.

Verlieren wir daher nie Zeit damit, die Ursachen unserer Leiden bei andern zu suchen. Begeben wir uns in die stille Kammer und forschen wir dort in uns selber, wo wir bestimmt die Fäden des Schicksals zu entdecken und schließlich auch zu entwirren vermögen. Die Einstellung der Umwelt zu uns ist nichts weiter als ein Echo! Wir können, wenn es uns damit ernst ist, bei aufmerksamem Zuhören sehr gut herausfinden, was wir in den Wald gerufen haben. Versuche es ein jeder für sich, den Ton selbst anzugeben, den er im Widerhall gerne vernehmen möchte. Ein jeder wird zu seiner Überraschung entdecken, wie leicht es geht, und wie prompt sich die Rückwirkungen einstellen. Das Echo bringt jeden Ruf in vielfacher Auflage zurück; so kommt ein Unglück, das wir auslösen, selten allein!

Aber wohl uns: Das Gute unterliegt demselben Gesetz. Auch ein Glück kehrt meistens mit Begleitung, die sich unterwegs gefunden, bei uns ein! Jeder Bauer weiß aus Erfahrung, daß, wer da ernten will, zuerst einmal säen muß. Je besser das Saatgut, um so vorzüglicher die Frucht. Darin liegt der Segen bäuerlicher Tätigkeit, daß sie, wenn auch unbewußt, in der Anwendung göttlicher Gesetze besteht, nach denen Wachstum und Reifen vor sich gehen. Trachten wir also fürs erste den Boden zu erkennen, den wir bearbeiten wollen – uns selbst!

Diese Arbeit befähigt uns zu verstehen, was in unseren Nächsten vor sich geht. Dann aber wende sich unsere Aufmerksamkeit dem Saatgut und dem Säen zu, dem Geben und nicht dem Nehmen. Mit dem Wachstum befassen sich Himmel und Erde von selbst. Eines schönen Tages steht das herrliche Korn im Feld und vergilt uns tausendfach. Wer es umgekehrt macht, treibt Raubbau an sich und den Mitmenschen und steht über kurz oder lang vor dem Nichts.

Gottes Gesetze sind überall dieselben; wir erblicken sie im Ackerbau so gut wie in der Familie und allen anderen unseren Beziehungen. Wem alles mißrät, der hat Fehler begangen. Er suche sie in sich. Die genannten Tatsachen müssen uns so geläufig werden, daß wir sie am Ende ganz von selbst und ohne jedes Besinnen, überall und immer, in Ausübung bringen. Unser Tun und Lassen muß davon durchdrungen sein. Nicht nur unser Verstand, nein, unser ganzes Wesen muß dieser Grundeinstellung teilhaftig werden, dann kann es nirgends fehlen.

Auch das sogenannte Unterbewußtsein oder das Unbewußte darf uns nicht mehr hindern. Unter dem Ausdruck »das Unbewußte« verstehe ich Impulse, also Anreize oder Antriebe in uns, die wir noch nicht restlos erkannt haben. Wir spüren ihre Anwesenheit, wissen aber noch nicht, was sie zu bedeuten haben. Dann verstehe ich darunter auch Triebe, deren Verwerflichkeit wir bereits erkannt haben, die aber noch nicht vollends zur Ruhe gekommen sind und uns oft entgegen unserem Willen stören. So wie eine Lokomotive bei abgestelltem Dampf nicht sofort, sondern erst ganz allmählich zum Stillstand kommt.

Jeder Gedanke, den wir einmal wachgerufen und mehr oder weniger lang gehegt haben, gewinnt eine Art von Eigenleben, so daß er sich schließlich auch ohne unser Zutun manifestiert. Auch wenn wir ihm keinerlei »Nahrung« mehr geben, ihn nicht mehr in unserem Herzen bewegen, vermag er sich noch eine Zeitlang zu behaupten, entsprechend der Aufmerksamkeit, die wir ihm früher widmeten. Die Umstellung auf eine gänzlich entgegengesetzte Denkart kann daher zeitweise zu schweren Erschütterungen führen, weil sich auf dem Schauplatz unseres Innern alte und neue Kräfte begegnen und mit Erbitterung bekämpfen.

Dieser – allerdings vorübergehende – Zustand, gehört nicht zu den Annehmlichkeiten des Lebens. Er muß jedoch in Kauf genommen werden, wenn wir nicht auf immer falschen Gedanken versklavt bleiben wollen. Was wir denken, das sind wir, weil jede Kraft nur sich selbst oder das, was mit ihr übereinstimmt, zu denken vermag, um die Worte eines deutschen Mystikers zu gebrauchen. Angst vor Krankheit ist mit einer Vorstellung des Unheils, das wir fürchten, verknüpft – und eben diese Vorstellung ist die Krankheit selbst, nicht die körperlichen Symptome, die sich früher oder später zeigen.

Auch ein Gebet kann nicht die volle Wirkung haben, solange im Unterbewußtsein die Krankheitsvorstellung besteht, solange wir glauben, es gäbe so etwas wie »Krankheit« an sich; solange wir nicht einsehen, daß wir selbst die Krankheit sind, und daß es nur von uns abhängt, ob wir sie noch länger füttern oder aber aushungern lassen wollen. So manche gute, richtig angewendete Medizin, so mancher tüchtige und ehrlich bemühte Arzt, müssen versagen, wenn der Patient die eigentlichen Ursachen seines Leidens verkennt und der Krankheit, das heißt ihrer Vorstellung, neue Nahrung gibt. Auch die Feuerwehr kann nichts ausrichten, wenn der Eigentümer, kaum daß der Brand gelöscht ist, sein Haus aufs neue anzündet. Jeder gute Arzt weiß aus Erfahrung, daß Leib und Seele behandelt werden müssen, und daß letzteres oft viel wichtiger ist als ersteres.

Darum ist ein unbedingtes Gottvertrauen, das keinem Zweifel mehr Raum läßt, das beste Vorbeugungsmittel, handle es sich nun um Schwierigkeiten im täglichen Leben, im Geschäft, in der Ehe, oder um körperliche Übel. Wenn wir einsehen, daß Gott notwendig alles sein muß – und wo gäbe es ein Ding, das ihm Grenzen zu setzen vermöchte –, dann empfinden wir schließlich auch seine Gegenwart in uns. Dann fällt auch jede Furcht vor Krankheit oder Unglück weg.

Alle verborgenen Kräfte, über die wir schreiben, sind nichts anderes als verschiedene Strahlen des einen Lichts, verschiedene Seiten der einen Kraft, verschiedene Ausflüsse derselben Quelle – Gottes! So wie ein und derselbe Mund zwei Dutzend Laute auszusprechen, damit unzählbare Worte auszudrücken und die millionenfach verschiedenen Wendungen der Sprache zu formen vermag, so bringt Gott, diese unsichtbare Kraft, alles aus sich hervor, was wir um uns und in uns wahrnehmen.

Solange wir nur in der Außenwelt forschen, wo der Gegenstände kein Ende ist, zersplittern wir uns. Nur wenn wir beharrlich auch nach innen blicken, entfernen wir uns von den Wirkungen und nähern uns der Kraft, aus welcher sie alle hervorgehen.

Wir müssen zum Mittelpunkt, zur geistigen Sonne in uns dringen – nicht nach außen –, um uns mit ihrem Lichte zu vereinigen. So allein gelangen wir zum Zentrum der Kraft in uns selbst und lernen den Sitz aller Kräfte erkennen, die, wie wir wohl einzusehen vermögen, uns nur zum kleinsten Teile bewußt sind. Was wollen wir dem Einzelnen nachjagen und uns dabei erschöpfen, wenn wir alles ergreifen können? Dunkel liegt es noch vor uns, und wir selber müssen Licht hineinbringen.

Jeden hat schon die Ahnung vom Wirken verborgener Kräfte berührt, sei es im Wirken des Schicksals oder im inneren Erleben. Solange uns diese Einflüsse jedoch nur dumpf bewußt werden, vielleicht sogar Angst einflößen, sind wir noch weit davon entfernt, sie zu erkennen und von ihnen Gebrauch machen zu können. Es ist ein göttliches Gebot, daß uns das, worum wir bitten, endlich zuteil werden muß. Also, bitten wir Gott, uns die Augen für seine Wunder, die er um uns und in uns wirkt, zu öffnen, damit wir teilhaben an den Gaben, die er in reichem Masse über uns ausschüttet.

Er wird nicht zögern, unsere Bitten zu erfüllen, sofern wir nicht müde werden, sie ihm vorzutragen, und nicht eher nachlassen, als bis wir Erhörung gefunden. Unerkannte Kräfte, auch wenn sie in uns selbst vorhanden sind, haben für uns keinen positiven Wert. So wenig wie der vergrabene Schatz im Keller, von dessen Vorhandensein wir gar keine Ahnung haben. Wir würden, vielleicht über ihm liegend, verhungern, indessen er nur darauf wartet, von uns gehoben zu werden.

So mancher Kranke liegt hoffnungslos auf seinem Lager und ahnt nicht, daß Genesung in seine Hand gegeben ist, sobald er nur Hoffnung zu schöpfen, diese zu nähren und die Gewißheit hervorzurufen vermag, daß Krankheit etwas durchaus Sekundäres, nichts für sich Bestehendes, zu sein vermag, sowenig etwas außer Gott Bestehendes denkbar ist. Richtet sich sein Geist daran auf, besinnt er sich auf sich selbst und sein göttliches Wesen, so wächst der Krankheit langsam aber unaufhaltsam eine Kraft entgegen, der buchstäblich nichts gewachsen ist. Krankheit und Unglück weichen vor diesem Licht wie Fledermäuse und Eulen vor der Sonne, wie Schnee und Eis vor dem Frühling. Predigt uns doch die ganze Natur, Tag um Tag, daß die Erde aus sich allein nichts vermag, daß sie

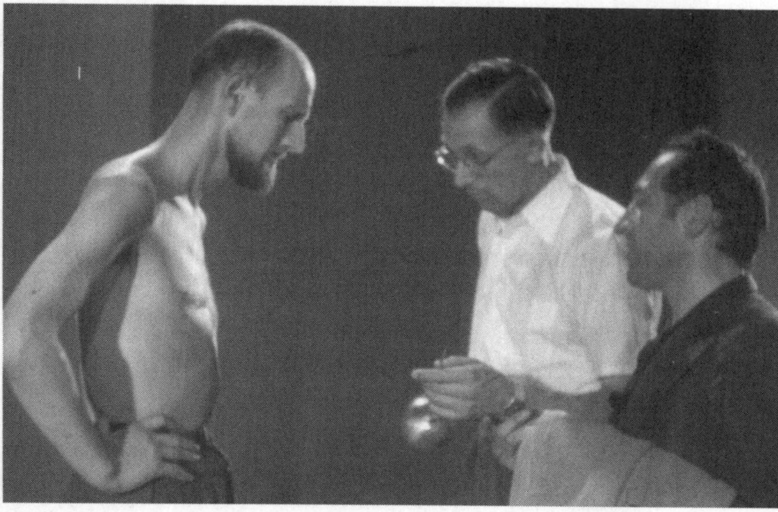

Abb. 77: Dajo während einer Drehpause in Zürich.

nur ein Gefäß ist, in welchem und auf welches die oberen Kräfte, Licht, Luft und Wasser, wirken. Sie sind ihre Krankheit und Gesundheit.

Kein Arzt vermag auf die Dauer zu heilen, wenn ihm die geistigen Kräfte des Patienten entgegenwirken. Wir können dies nicht oft genug wiederholen. Wer Krankheiten und Unglück als eine Prüfung betrachtet, Fehlern nachforscht und in sich geht, weiß selbst aus dem Negativen Nutzen zu ziehen, wodurch den meisten Plagen ihr Stachel genommen wird. Sie müssen uns, wie alles, was wir unrichtig gemacht haben, schließlich dazu dienen, unsere geistige Entwicklung zu fördern.

Jede solche Prüfung ist im Grunde genommen eine Art Schulung, eine ganz bestimmte Lektion, die ihr Gewicht verliert, sobald wir ihren geistigen Gehalt erfaßt haben, den wir auf andere Weise nicht zu ergreifen vermochten. Jeder Aufstieg bedeutet Kampf. Geistiger Fortschritt bedeutet Wiedergeburt, und jede Geburt ist mit Schmerzen verbunden. Scheuen wir sie nicht, um unser Ziel zu erreichen. Unkenntnis der verborgenen geistigen Kräfte kann nicht nur gesundheitliche Störungen oder Hindernisse im täglichen Leben zur Folge haben. Sobald gewisse Vorurteile allgemein verbreitet sind und in den verschiedenen Individuen eine Art von Einheitlichkeit und Übereinstimmung aufweisen, vermögen sie im geeigneten Augenblick Massenreaktionen allergrößten Ausmaßes zur Folge zu haben.

So entstehen Kriegspsychosen, Massenaufstände, Phantome, die gleichzeitig in allen Köpfen spuken und die Welt zu einem Irrenhause machen, in welchem keiner mehr seines Lebens sicher und fast keiner von der geistigen Infektion verschont bleibt. Sage sich daher niemand, Gedanken seien »zollfrei« – sonst betrügt man sich selbst. Was immer wir denken, hat, nach den Gesetzen von Aktion und Reaktion, eine sehr viel größere Bedeutung, als wir ahnen können. Bewache jeder sein Herz, damit er seine Unbekümmertheit in dieser Hinsicht nicht eines Tages teuer zu zahlen habe.

Man mute den einzelnen Politikern, mögen sie so klug und gutgesinnt sein, wie sie wollen, nicht zu, die Knoten zu entwirren, welche die ganze Menschheit geschlungen hat. Einer solchen Last wären auch die stärksten Schultern nicht gewachsen. Aber helfe ein jeder mit, indem er die Steine, die er selbst zusammengetragen, aus dem Wege räumt. Dann wird auf einmal leicht, was vorher unmöglich schien.

So ist es auch beim Einzelnen. Wer nur erst ein Weniges in der angedeuteten Richtung errungen, der kann leicht ein Mehreres erlangen. Ist der Geist sich seiner Kraft bis zu einem gewissen Grade bewußt geworden, dann gibt es für ihn kein Zögern mehr. Der Fortschritt kann dann ungeahnt rasch vor sich gehen, so daß die Finsternis und alles damit verbundene Dämonische weicht.

Ein solcher Mensch sieht sich, fast wie durch Zauber, mit einem Male aller seiner Sorgen, Ängste und Leiden ledig und vermag es darüber hinaus, noch andern eine Stütze zu sein.

Wer von einer »Auflösung« in Gott sprechen hört, der bekommt es gemeinhin mit der Angst zu tun! Womöglich stellt er sich dabei eine Vernichtung seiner Existenz, seines Ichs, vor, das er um jeden Preis behalten will. Wer ist geneigt, sich selber wegzuwerfen? Wohl niemand.

Solche Befürchtungen sind auch ganz überflüssig. Wer in allem Gott erkennt, erkennt sich endlich selbst in ihm. Was wir, dem äußeren Anblick Rechnung tragend, Auflösung in Gott nennen, ist in Wirklichkeit die wohl schmerzhafte, aber überaus wohltätige Vernichtung des Wahns einer Kleinheit und Eigenheit, die wir überhaupt nie besaßen, sondern von welcher wir nur träumen. Eines Wahns, der unser Bewußtsein an die engen Grenzen unseres Leibes kettet und uns nicht mehr fühlen läßt, daß wir in Wirklichkeit das Ganze sind, so weit Himmel und Sterne reichen, und darüber hinaus in die Unendlichkeit.

»Auflösung in Gott« will heißen, die selbstgemachten engen Grenzen unseres Bewußtseins sprengen, uns selber verlieren, um uns umso größer und gewaltiger in Gott wiederzufinden, ja in gewissem Sinne Gott selbst zu sein, wodurch Christi Wort: »Nicht mein Wille geschehe, sondern Dein Wille«, einen gänzlich neuen und ungeahnten Sinn erhält. Wir sind nicht mehr nur ein Teil der Schöpfung, als den wir uns anfänglich erkannten, sondern die ganze Schöpfung selbst, die mit uns zusammen ein lückenloses Ganzes bildet und dieses Bewußtsein auch im geringsten seiner Teile besitzt. Es ist dies so zu verstehen, wie sich unser Ichbewußtsein in allen Gliedern des Leibes, obwohl sie ganz verschiedene Funktionen ausüben, sogar verschiedener Gestalt sind, lückenlos vorfindet.

Fuß, Hand, Auge oder Ohr finden sich im Leib zu einem

Ganzen vereint als Organe des unteilbaren Ich, das sie alle durchdringt. Wir sagen nicht: »Meine Zunge spricht«, oder »Meine Hand greift«, »Mein Fuß geht«, sondern: »Ich spreche, ich greife, ich gehe!« So im Reiche Gottes. Der geringste Teil gehört zum großen Ganzen und ist, sofern er nur keinen Widerstand leistet, durchaus von seinem Geiste durchdrungen. Er ist somit um eben soviel größer und mächtiger geworden, als er zu verlieren glaubte. Er hat alles gefunden, statt alles zu verlieren. Ein Gleichnis vermag vielleicht besser über diese in Worten fast nicht zum Ausdruck zu bringenden Beziehungen Aufschluß zu geben.

Ein Stück Zucker, das vor uns liegt, ist die in die enge Form von zwölf Kanten gebannte Kraft der Süße, die sich, solange sie diese Form behält, gar nicht zu zeigen vermag. Legen wir es ins Wasser, so löst es sich allsogleich darin auf. Wir sehen es hinschwinden und vergehen und könnten uns nun, nach dem irrigen Zeugnis unserer Augen, einbilden, es hätte seine Existenz, seine Kraft und Wirksamkeit verloren. Das genaue Gegenteil ist der Fall. Jetzt erst kommt die verborgene Kraft der Süße zum Vorschein und vermag weit über die früheren Grenzen hinaus zu wirken.

Sie hat die ehernen Bande gesprengt und durchdringt nun das ganze Wasser, das ihm nur als Unterlage dient, um sich darin überallhin zu verbreiten und die ihm von Gott gegebenen Kräfte zu entfalten. Wenn wir Holz verbrennen sehen, so könnten wir uns einbilden, es handle sich hier um eine Art von Auflösung und Vergehen. Das Gegenteil ist der Fall: Es handelt sich dabei um Befreiung des Feuers, des eigentlichen Wesens des Holzes, das darin verschlossen war, aber – gebannt in enge Grenzen – seine Macht, seine leuchtende, feurige Art und Lebendigkeit, nicht zu zeigen vermochte. Unerklärliche Ketten hielten seine aufwärts strebende Kraft an die Erde gebannt und seine Weite in enger Form verschlossen.

Die Auflösung eines vom Wind verwehten Samenkorns hat die Entfesselung aller in ihm ruhenden Energien, sein Wachstum zu einem gewaltigen Baum, der Stürmen und Wettern trotzt, zur Folge! War nun die »Auflösung« ein Verlust oder ein Gewinn? Deshalb schrecke keiner zurück vor dem Worte »Auflösung in Gott«; wer den Mut hat, in diesen Abgrund zu springen, der wird sich wiederfinden auf eine Art und Weise, welche sich die kühnste Phantasie niemals hätte träumen lassen.

Alles kann gewinnen, wer den Mut in sich fühlt, alles – sich selber – einzusetzen! Wir existieren nicht – aber Gott existiert! Das ist der Schlüssel, alle Pforten zu sprengen und die geistige Freiheit zu gewinnen. Wer ihn zu gebrauchen versteht, der weiß Bescheid. Für ihn haben wir keine Lehre mehr über verborgene Kräfte. Es gibt nichts, was ihm fernerhin verschlossen und verborgen sein könnte. Alle Zahlen kommen in der Eins, alle Linien im Punkt, alle Kreise im Zentrum – und der Mensch in Gott zur Ruhe.

Vollständige Unwissenheit über diesen Kern aller Religionen haben die allseitige Unsicherheit auf der Welt zufolge. Angst vor dem Leben, Angst vor dem Tode, Angst vor allem und jedem ist es, was die Menschen treibt, Betäubung im Trunk, Betäubung in der Betriebsamkeit zu suchen, und sie manchmal zur Kugel greifen läßt. Blinde, bodenlose Angst, die zu Präventivkriegen führt und sich auch dann noch nicht beschwichtigen läßt, wenn alle sogenannten »Feinde« erledigt sind, weil sie sofort von der Angst vor sich selbst, und damit der Angst vor Gott, dem Unbekannten, abgelöst wird.

Die eigentliche Quelle dieser schreienden und verzehrenden Angst ist also im tiefsten Grunde nichts anderes als die Angst vor dem Unbekanntesten, was sich denken läßt, die Angst vor sich selbst. Halten wir uns doch nicht mehr länger zum Narren, lassen wir uns nicht länger mehr foppen; es ist wahrlich zu tragisch! Lernen wir uns endlich selber kennen! Wenn wir nicht das Schicksal der alten, versunkenen Kulturen teilen wollen, so müssen wir das Regiment dämonischer Kräfte brechen, indem wir an ihre Stelle höhere Einsichten setzen und ihnen durch wachsendes Vertrauen in Gott jede Nahrung entziehen. Wir müssen vom »Feinde« lernen.

In den alten Königsgräbern Ägyptens gefundene Getreidekörner haben ihre Keimfähigkeit bis heute, also weit über 2000 Jahre bewahrt. Es genügt, daß sie Erde finden, um neuerlich zu wachsen. Die Gedanken des alten Ägyptens, auf Papyri, Fels- oder Gräberinschriften vorgefunden, fanden Eingang in die Literatur, Zugang in die Köpfe und Nahrung in den Herzen, so daß sie sich heute in irgendeinem Menschen individualisieren und von dort ihren tatsächlichen Einfluß ausüben.

Genau gleich geht es mit dem Guten und dem Wahren, das uns auf irgendwelchen Wegen, von innen oder von außen, zuströmt. Wer ihm Einlaß gewährt, in dem fängt es an zu wurzeln und zu wachsen. Da jeder mit dem Ganzen verbunden ist, Freunde, Bekannte oder Angehörige hat, färbt auch das durch ihn fließende Gute wiederum auf diese ab, so daß es sich in unglaublich kurzer Zeit verzehntausendfachen kann.

Darum erschrecke keiner an seinem Platze vor der Flut des Bösen, die über die Welt daherfegt. Dämonische Kräfte sind, weil Gott entgegenwirkend, zum voraus zum Untergang verurteilt. Wenn wir guten Gedanken gegenüber die gleiche Hingabe bekunden wie vorher den verkehrten, so ist der Ausgang gewiß. So sicher wie der strengste Winter dem Frühling weichen muß, so weichen auch diese Gespenster der geistigen Sonne, die über dem Horizont des Unwissens zu strahlen beginnt.

Wir stehen auf der Schwelle einer neuen Offenbarung geistiger Kräfte und wollen mutig den Schritt in eine neue, bessere Zeit hinüber wagen, um uns von der Tyrannei des stoffgebundenen Gedankens zu befreien. Große Ereignisse werfen ihre Schatten voraus! So zeigen sich auch vor geistigen Umwälzungen allerlei Anzeichen, die mit Bestimmtheit auf das Kommende schließen lassen. Wer hellfühlend genug ist, nimmt sie wahr und weiß sie zu deuten, lange bevor ein anderer überhaupt darauf aufmerksam wird.

Wir sehen schon heute, daß die Gedanken großer Geister langsam aber sicher an Boden gewinnen, daß geistige Strömungen entstanden sind, die noch keine Wellen werfen, aber doch schon ihren Zug in einer ganz bestimmten Richtung erkennen lassen. Nebenflüsse nähern sich, um sie zu verstärken. Diese vorerst nur dem geistigen Auge erkennbare allgemeine Richtung auf einen bedeutenden geistigen Fortschritt hin zeigt sich vielleicht am deutlichsten in der wütenden Reaktion der Gegenkräfte, die, mit einem feinen Ahnungsvermögen ausgestattet, irgendwie ihren Untergang wittern und daher eine wilde Geschäftigkeit an den Tag legen, um die ihnen bemessene Frist zu nützen.

Auch die vergangenen Kriegsjahre mit ihren entsetzlichen Greueln waren notwendige Etappen auf dem Wege zu einer geistigen Läuterung. Das will nicht heißen, daß die in solchen Exzessen sich austobende Dämonie der Massen irgend eine Existenzberechtigung hätte und mit einer solchen Erklärung gewissermaßen gerechtfertigt sei. Ihre Keime lagen weit in der Vorkriegszeit – aber nachdem sie von uns einmal ausgestreut und gepflegt wurden, war die schaurige Ernte unvermeidbar. Wer die Wirkungen nicht wünscht, darf die Ursachen nicht auslösen. Es gibt kein Mittel, das Ursachen daran hindern kann, Wirkungen zu zeitigen. Und aus den Wirkungen entspringen Folgen – auch das ist ein Naturgesetz.

Es gibt also direkte und indirekte Wirkungen. Wir erinnern daran, daß von den einmal entfesselten dämonischen Mächten auch diejenigen mitgerissen wurden, denen eine Betätigung in

Abb. 78: Fragen ohne Ende: Diskussionsrunde nach einem Vortrag.

dieser Richtung ihrem geistigen Zustande nach gar nicht lag. Die Strömung war so gewaltig, daß sie auch scheinbar feststehende Brocken mit sich riß. Eine Art von Massenseele und Herdengeist fegte das individuelle Bewußtsein einfach hinweg, so daß auch bisher harmlose Menschen ohne Bedenken Greueltaten begingen, deren sie sich nie für fähig gehalten hätten.

Es bereitet dem Menschen eine gewisse Lust, in einer großen Bewegung aufzugehen, mitzumarschieren in einem gewaltigen Troß, von welchem er ein Teil ist. Er gehorcht dabei einem Ur-Instinkt, der mächtiger ist als alles Einreden; einem Ur-Instinkt, der nur deshalb so verheerend wirkt, weil sein eigentliches Ziel nicht mehr erkannt wird. Der Mensch ist geboren, um sich in Gott aufzulösen; er ist da, um sich schließlich auf dem Umweg über sein an den Leib gebundenes Einzelbewußtsein an das große Ganze zu binden und jenes in ein kosmisches Bewußtsein zu verwandeln, das ihm erst Größe verleiht.

Wer in der Masse steht, darin gewissermaßen aufgeht und daher in seinem Tun und Lassen ihre Größe vertritt, gewinnt an Gewicht und nimmt zu an Bedeutung. Wir sehen diesen verborgenen Trieb wirksam sowohl in der Ämterjagd als auch in der Sucht nach dem Massenverband. Ist uns jedoch das eigentliche Ziel dieses Triebes ganz klar, dann fällt es uns gar nie mehr ein, uns an klägliche Surrogate, Ersatzstoffe, zu halten, um der ersehnten Steigerung unseres Bewußtseins teilhaftig zu werden.

Wir schließen uns Gott an, indem wir uns als Teil seiner selbst und des Universums erkennen, und werden schließlich mit ihm eins. Wir vertreten dann in unserm gesamten Tun und Lassen eine Größe, die weit über alle Grenzen dessen hinausgeht, was uns irdische Gesellschaften in dieser Hinsicht an Bewußtseinssteigerung zu bieten vermöchten. Wir sind des Persönlichkeitsbewußtseins los und ledig und sind vom Gefühl eines kosmischen Bewußtseins durchdrungen, gegen welches jedes Kaisertum nur ein miserabler Ersatz wäre.

Wo immer wir auf einer Kugel den Bleistift ansetzen, dort gerade ist der Mittelpunkt der Kugeloberfläche! Wo immer ein geistig erweckter Mensch steht, dort ist der Mittelpunkt der ganzen Schöpfung, das Zentrum aller Kräfte! Wo findet sich der Narr, der diese Stellung mit irgendeinem irdischen Amte tauschen möchte?

Im Reiche Gottes kann jeder ein König sein, stehe er im täglichen Leben hinter dem Pflug oder am Küchentisch. Es ist eine verborgene geistige Größe, die jedem voll bewußt sein kann, ohne ihn jemals zur Überheblichkeit zu verleiten. Niemand, auch der Ärmste und Beschränkteste nicht, ist davon ausgeschlossen. Er braucht nur zuzugreifen!

Abb. 79: Vielen bleibt er unvergessen …

Wir sehen aus den vorhergehenden Erläuterungen, wie gefährlich es ist, seine Triebe nicht klar zu erkennen, ihrer Bedeutung nicht voll bewußt zu sein! Neigungen, deren Wurzel uns nicht bewußt ist. Bestrebungen, deren Ziel wir kaum ahnen, sind für uns verhängnisvoll, auch wenn sie ihrer Qualität nach zum Besten gehören, was Gott in uns gelegt hat. Deshalb ist das einzige Mittel, uns vor furchtbaren Verirrungen und Entgleisungen zu bewahren – uns selbst kennen zu lernen. Vollständig unparteiisch, so wie wir nun einmal sind, müssen wir uns betrachten, um die geheime Wurzel aller unserer Kräfte, unserer Talente, unserer Triebe, Instinkte und Impulse zu erfühlen, zu gewahren und zu erkennen. Nur die erkannten Kräfte wirken vollkommen. Und nach Vollkommenheit und Unfehlbarkeit strebt doch ein jeder.

Leseraufruf

Liegen Ihnen weitere Informationen über Mirin Dajo vor? Können Sie sich womöglich noch selbst an ihn erinnern? Sind Sie an regelmäßigen Informationen zum Thema oder an einer Videokopie der Filmaufnahmen interessiert? Dann schreiben Sie mir:

Luc Bürgin
Postfach
CH 4002 Basel

Internet/E-Mail:
www.mysteries-magazin.com

Dokumente

Zürich, 29 Mei '47.

Lieve Vader, Moeder, Joop en Gerrit!

Na een voorspoedige en zeer mooie reis, die ongeveer 22 uur duurde, zijn Hylke, Jan en ik precies 5 uur in Zürich aangekomen. Sinds ons vertrek hebben wij tot op heden toe bijzonder mooi en warm weer gehad. Tijdens de reis heb ik dikwijls gedacht aan jullie als wij de schitterende landschappen, vooral in Luxemburg en Frankrijk en Zwitserland, voor ons voorbij zagen glijden, uitgezonderd als we één van de vele tunnels doorgingen. Aangekomen in Zwitserland stond de secretaris van Corso ons reeds op te wachten.

's-Avonds om 11.30 uur hebben we nog een bespreking gehad met de directeur van Corso, ~~Vandaag~~ zijn er nieuwe wapens besteld. Herr Müller had niets gedaan en is naar Amerika vertrokken, zonder dat men weet wanneer hij terug komt. Gelukkig dat we nu eindelijk in Zürich zijn en het grote werk begonnen is. Om verschillende redenen is het dringend noodzakelijk, dat we eindelijk naar het buitenland gingen. Ik zit te schrijven aan

Dokument 1 (diese und folgende Seite): Brief von Mirin Dajo an seine Eltern aus Zürich vom 29. Mai 1947.

een klein tafeltje. Vandaar 't slechte schrift. Ik ben gisteren met Hylke op elastische kousen voor Moeke uitgeweest. Als Moeke de juiste maat opgeeft, dan koopen wij een paar kousen die de ondervoetszole kwaliteit hebben en in de lengte en breedte elastisch zijn. Je kunt hier alles krijgen, de fijnste [illegible], crepe-fruit, jaffa's, tomaten, bananen, noten, enz., wollen textiel, schoenen, horloge's, vulpennen, en wat je nog meer zou willen, maar... alles is erg duur. Zeep alleen is op de bon. Rookers-waren, en snoep zijn vrij. Dagelijks ontvangen wij veel volle melk. Vandaag gaan Hylke, Jan en ik de bergen in. Morgen-middag vindt de proef-demonstratie plaats voor militairen, pers en autoriteiten. Nu, dag!!!!

Ik moet eindigen, want de anderen wachten. De h. gr. en vele zoentjes aan allen. 't Allerbeste, en een ferme zoen extra aan lieve Moeke, van je je liefh. zoon en broer:

Arnold

MIRIN DAJO
Villa Seegut
See (Lake) Str.473
Zürich, Switzerland

Zürich,27 th.Dec.1947.

Mr.Professor Dr.Albert Einstein
Princeton University
P r i n c e t o n
United States of America

Dear Professor,

In connection with the letter of Dec.3d.of Mr.F.Paul Habicht of Schaffhouse,Switzerland, wherein he speaks about MIRIN DAJO, I wish, for the sake of truth, to inform you of the following:

As you may have heard,I am a Dutchman by birth,and have come to Switzerland about 7 months ago. This, first to be scientifically examined at the Kantons-Spital in Zürich,and secondly to give daily public demonstrations of my bodily invulnerability,(Unverletzbarkeit),or more exactly,of my absolute kill-lessness (Untötbarkeit).

That this Kill-lessness has actually been shown publicly, is proven by a whole week of daily demonstrations at the Corso-Theatre in Zürich,this last summer. There were daily, in presence of doctors, scientists and large audiences, five deadly body-piercings with needle-pointed, very sharp swords of 8 m/m ø and about 75 cm.in length, executed in a state of full consciousness and spiritual communion with GOD, without anaesthetics or any kind of outside influence. Of all these executions there never resulted a single drop of blood, or pain, or sickness, nor a trace of bodily damage.

Beside the above, I showed so-called deadly,triple body-piercings, meaning thro lungs,heart and the solar plexus at the same time; this was done with 3 sharp swords, but hollow like tubes on their inside, thro which,- after taking off the 3 detachable sharp points in front, and after connection with 3 attachable rubber-hoses at the ends of the weapons,- water from the theatre-fire-hydrant was with great pression forced clear thro my body, so that the water run out in 3 jets thro the front-openings of the 3 swords which pierced me.

This was shown not as a sensation, but 1).as a pure scientifical demonstration of kill-lessness, and to prove also to the farther away seated audience, that there was no trick, dupery, optic illusion, hypnotic or thought-influence possible, because everybody could see the facts from all sides, whilst I was walking and turning round on the scene; 2).to acquaint mankind with the spiritual forces,which make such demonstrations possible, so that people may become conscious, that these powers are in each one also, and can be used for the ever better accomplishment of everyone's work in daily life, and 3). as a legitimation to show to humanity who I really am, so it can believe in my GOD-given mission of peace and reconciliation.

Dokument 2 (diese und die drei nachfolgenden Seiten): Brief von Mirin Dajo an Albert Einstein vom 27. Dezember 1947.

After said demonstrations, I have held conferences in large halls, and later on, in private circles in Zürich and in many places in Switzerland. In connection with them, I have answered all the uprising questions, and thereby shed light on themes which interest you also (Relativity, Atom-crushing De-materialisation, Re-materialisation, Super-materialisation Laws of vibration, Vibration-Ratio, etc). Naturally, also theological, geographical, philosophical and psychological questions and such, about the laws of karma, cause and effect, human evolution and many others, were answered.

Further scientific demonstrations and investigations have taken place at the new Bürger-Spital in Basel, with the assistance of reputed doctors and professors, and also at the recent doctor's congress held at the Bernoullianum in Basel, in the fall, before hundreds of assembled doctors.

Photos have been made during these tests, and also radiographs, cardiograms and films. The in Basel pierced body-organs were: Stomach, gall, liver, intestines, from left to right, clear thro the body. The pierced sword stayed in, during the whole examinations, which lasted 38 minutes, during which time I was walking about, going from one medical apparatus to the other, and answering medical and scientifical questions.

In connection with my absolute kill-lessness, it is unimportant, what kind of weapons there are to be used, or how they are used, or what part of my body is being pierced, or shot thro or crushed, or run over, or cut off, or burned, or poisoned, or torn apart, or tortured or in any other way destroyed. It does not even matter, if someone tried to kill me unaware of it, or unseen from the back, or in my sleep.

Up to now, I have proven with all the force I have been trusted with from GOD, that I cannot, against ma will, be arrested, kept confined or imprisoned,- that I cannot be touched spiritually,- and that my body is unquestionably indestructible, wherefore my Peace-bringing mission on earth is safe and secure.

There exists also a short film about a body-piercing with a broad, sharp, double-cutting sword, of which I enclose a small photo, together with other photos, taken during the scientifical demonstrations at the above named hospitals, and furthermore, reproductions of different weapons, wherewith I hope to soon prove before scientifical authorities in America,-on an even larger scale as in Europe,- my unconditional kill-lessness, and this in every imaginable way, and in the forms the people wish to have it demonstrated.

I wish to state also, that during the entire time of such scientifical tests, my own personality shall be excluded,-meaning that I then do not exist,- (a little difficult to understand intellectually),- and that the whole supervision or controling shall solely lie in the hands of reputed American scientists, which can from day to day, decide in what kind and manner of demonstration, I have to be (humanly speaking) "killed".

I am really immune to weapons of all kinds, including heart-daggers,- gun bullets thro body or head,- external and internal poisons, and I will say, that my spiritual forces, which make possible said tests, will be ample protection for the experimentators as well as myself.

Said demonstrations are also important, because new facts and media for the healing of the sick will thereby by means of films, radiographs, radiofilms and cardiograms be found, proven and developed, which discoveries then very quickly can be made known thro radio, medical attestations, television and the scientifical papers the world over.

During these tests, will further be found and proven, by actual scientific methods, some of the spiritual forces that live in every human being, forces, which have lain very near being discovered for quite some time.

Naturally, all the aforesaid seems sensational, but it is the truth and I assure you, that I act only in the service of science and the suffering humanity, without any egotistical thoughts or human selfishness.

But I would have to refuse everything, if sensation would become the goal of the mentioned demonstrations. This means, that I cannot allow, under whatever title or circumstances, that any kind of selfish business should, out of the spiritual forces manifested in my person, be constructed, or openly or secretly be made possible.

All eventual gifts, financial values, or donations received, would have to be placed in a trust-fund for the said Peace-Mission, kept and controlled thro worthy finance-officials; and this would have to be so, not only for America, but for all other countries, where there will be friends of MIRIN DAJO, in the future.

For you personally as a scientist, there is of considerable interest, not only my willingness to serve you, thro all the proposed tests, as a valuable instrument for discoveries unheard-of, but also the fact, that thro the spiritual powers vested in me, I know,- and have known for a long time,- of many hidden laws, actions and reactions, and secrets of life. This higher consciousness begins on those planes of scientifical knowledge, to where your hard work and researches have lifted you in this life.

For all in this letter mentioned purposes, plus the pleasure of meeting you personally, it is of course necessary to come to America as quickly as possible, meaning before the latent crisis has again become a world-catastrophe, which is also a task of mine to prevent, if mankind will listen to me.

- 4 -

To this end and for the obtainement of a prompt visum here in Switzerland for the U.S.A., it would be desirable to receive an invitation-letter from you, asking me to come to the States for scientifical investigation and lecturing. Such an invitation would, of course, create no financial obligations for you whatsoever, not now, nor in the future.

If you will help in this way, then I shall not only confide the whole proposed scientifical demonstrations to your general supervision and managing direction, but you yourself will then be placed in a position of unique possibilities, so as to be able to render such a tremendous service, to the present and future generations, that your great work shall duly be glorified in the evolutionary history of mankind.

In closing, I wish to thank you heartily for your understanding, for your good-will and any kind co-operation you may be willing to give, and am sending you, dear Professor, my best thoughts and wishes for the New Year and

for the ever growing expansion
of GOD's Light and Wisdom,
which are our divine heritage,
wherever we live,
in all Eternity.

Yours faithfully and sincerely:

Mirin Dajo.

__Annexes:__
Photos, mentioned.
(Please keep them)

__Registered Letter__

By Air-Mail & Express.

den 8.Januar 1948

Herrn Mirin Dajo
Villa Seegut
Seestr.473
Zuerich,Schweiz

Sehr geehrter Herr Dajo:

Ich hoffe sehr,dass Ihre Leistungen mehr auf dem Gebiete des Zauberkünstlers liegen, und dass Sie sich nicht an dem Leibe versündigen, den Sie Ihrer Mutter verdanken.

Ich kann natürlich nichts tun, um Ihnen bei Ihren Bestrebungen behilflich zu sein, weil ich sehr vorsichtig sein muss mit jeder Aeusserung, die andere beeinflussen können.

Mit vorzüglicher Hochachtung

Albert Einstein.

Ihre Photos anbei zurück.

Dokument 3: Brief von Albert Einstein an Mirin Dajo vom 8. Januar 1948 (Abdruck mit freundlicher Genehmigung des Albert-Einstein-Archivs, Hebräische Universität Jerusalem*).*

Bezirksanwaltschaft
WINTERTHUR
(Bureau IV)

SHW. -247-
Unters.-Nr. 1100 1948

Winterthur, den 28. September 48

Verfügung

in der U.S. gegen:
in Sachen:

+ Henskes, Arnold, von Zaandam/Holland, Artist, geb. 6.8.1912, wohnhaft gewesen bei Fam. Bührer, Bahnhofplatz 10, Winterthur,

bekannt gewesen unter dem Artistennamen: "Mirin Dajo"

Angeschuldigte

betreffend aussergewöhnlicher Todesfall,

wird
aus folgenden Gründen:

Der Obgenannte verstarb zwischen dem 26. und 28. Mai 1948 in der Wohnung von Walter Bührer, Bahnhofplatz 10, Winterthur. Der beigezogene Privatarzt, Dr.med. K. Hauser, Winterthur, orientierte am Abend des 28. Mai 1948 Bezirksarzt Dr.med. E. Jung, der seinerseits die Untersuchungsbehörde vom Vorfall in Kenntnis setzte.

Die Bekannten des Verstorbenen erklärten, er sei um die Mittagszeit des 26. Mai 1948 "mit dem Geist aus dem Körper getreten", nachdem er sich auf seinem Lager niedergelegt habe. Beim Verblichenen hätten sie oft solche Erscheinungen beobachtet. Er sei jeweils wie leblos gewesen und dieser Zustand habe mehrmals bis zu 24 Stunden gedauert. Aus diesem Grunde hätten sie sich vorläufig nicht veranlasst gefühlt, einen Arzt beizuziehen. Erst am Morgen des 28. Mai 1948 seien ihnen am Körper des Verstorbenen ungewöhnliche Veränderungen aufgefallen. Sie hätten festgestellt, dass sich die Um-

Form. St. A. Nr. 21
B.A. L48 2000 A4

Nachdruck verboten, Staatsverlag.
Kant. Zentralstelle: Abteilung Formularverlag, Zürich 1

Dokument 4 (diese und die beiden nachfolgenden Seiten): Verfügung der Bezirksanwaltschaft Winterthur *vom 28. September 1948.*

- 2 -

gebung einer alten Operationsnarbe schwarz verfärbt habe. Trotzdem hätten sie noch an die "Rückkehr des Geistes in den Körper" geglaubt und einstweilen zugewartet, um erst am Abend des 28. Mai 1948 Privatarzt Dr.med. Hauser beizuziehen. Dieser habe den Eintritt des Todes festgestellt.

Dem Gutachten des gerichtlich-medizinischen Institutes der Universität Zürich vom 13. September 1948 ist folgendes zu entnehmen:

Der Tod trat vermutlich schon um die Mittagszeit des 26. Mai 1948 ein. Todesursache ist eine innere Verblutung in die linke Brustfellhöhle, ausgehend von einer Arrosion der grossen absteigenden Körperschlagader durch einen Abszess, der im Anschluss an mehrfache Durchstechungen der Speiseröhre eingetreten war. Die Todesursache steht nicht im Zusammenhang mit den früheren Experimenten +Mirin Dajo's (Körperdurchstechungen), bei welchen Dritte mitwirkten. Sie ist einwandfrei zurückführbar auf das letzte Experiment des Verstorbenen, das er offenbar allein ausführte. Er verschluckte am 11. Mai 1948 ein Stilet mit der Absicht,es in sich zu "entmaterialisieren". Das Stilet verletzte die Speiseröhre und musste am 13. Mai 1948 in der chirurgischen Abteilung des Kantonsspitals Zürich operativ entfernt werden. Irgendein Zusammenhang zwischen der vorgenommenen Operation und der Todesursache besteht nicht.

Da keine Anhaltspunkte dafür bestehen, dass Drittpersonen beim letzten, zum Tode führenden Ex-

\- 3 -

periment mitwirkten (auch nicht im Sinne einer Suggestion) und somit ein Delikt nicht angenommen werden kann, ist das Verfahren unter Uebernahme der Kosten auf die Staatskasse einzustellen.

verfügt:

1. Die Untersuchung wird eingestellt.

2. Die Kosten, bestehend in:

Fr.	....	Rp.	Staatsgebühr)
„	....	„	Schreibgebühren) **fallen ausser Ansatz.**
„	....	„	Vorladungsgebühren)
„	....	„	Zustellungsgebühren)
„	349. 15	„	Untersuchungskosten (allfällig weitere vorbehalten)
„	--. --	„	Verhaftskosten (allfällig vorbehalten)
„	--. --	„	Kosten gemäß einstweiliger Sistierungsverfügung vom (Unters.-Nr. ....).
Fr.	349. 15	Rp.	

werden **auf die Staatskasse genommen.**

3. D nAngeschuldigten wird eine Entschädigung

(Eine in Disp. 3 zugesprochene Entschädigung kann nach eingetretener Rechtskraft auf der Kasse der Bezirksanwaltschaft gegen Vorweisung dieser Verfügung bezogen werden.)

4. Mitteilung an:

a) die Staatsanwaltschaft zur Genehmigung;

b) die Bezirksgerichtskasse Winterthur zur Kostenverrechnung;

c) d nGeschädigte **die Eltern des Verstorbenen:
Familie A.W.D. H e n s k e s - Vrijel, Janeweg 43, H a a r l e m /Holland.**

d) d nAngeschuldigten
Walter Bührer, Bahnhofplatz 10, Winterthur, für sich und z.Hd. des "Mirin-Dajo-Fonds".

5. Gegen die **Einstellung** des Verfahrens ist binnen 10 Tagen, von dieser Mitteilung an gerechnet, ein **Rekurs an die Staatsanwaltschaft des Kantons Zürich** zulässig. Der Rekurs ist in gleichlautendem Doppel unter Beilegung dieser Verfügung einzureichen.
Will ein **Geschädigter** oder ein Angeschuldigter nur die Kosten- und Entschädigungsregelung dieses Entscheides nicht anerkennen, so kann er binnen 10 Tagen, von der schriftlichen Mitteilung an gerechnet, durch schriftliche Erklärung an den Einzelrichter des Bezirksgerichtes W i n t e r t h u r gerichtliche Beurteilung der Kosten- und Entschädigungsfrage verlangen.

Genehmigt:

Zürich, den 1. Okt. 1948.

Der 1. Staatsanwalt:

sig. Dr. H. Frey.

Bezirksanwaltschaft Winterthur:

B ü r o IV : [signature]

R.A. Nr. 21 a II
A4
4.48.

Hiermede betuigen wij U onze hartelijke dank voor Uw blijk van medeleven bij het heengaan van onze innig geliefde zoon

ARNOLD GERRIT JOHANNES HENSKES

Het is ons niet mogelijk reeds thans mondeling of schriftelijk in verbinding te treden met allen, die dit verzochten.

Het is ons een troost, dat de meeste belangstellenden blijk gaven onze overtuiging te delen, dat dit stoffelijk verlies niet in zich sluit, dat aan de zegenrijke invloed van Mirin Dajo een eind is gekomen.

Uit aller naam,
D. A. W. HENSKES.
C. M. HENSKES-VRIJER.

Haarlem, 22 Juni 1948.
Jansweg 43 rd.

Dokument 5: Todesanzeige vom 22. Juni 1948.

Quellennachweis

Sämtliche Informationen in diesem Buch wurden bis ins Detail verifiziert. Neben zahlreichen Interviews wurden ergänzend folgende Quellen verwendet.

Zeitungen und Zeitschriften:

»Atomzertrümmerung, Mirin Dajo und wir«, in: *Brückenbauer* vom 5. Dezember 1947

Bessemans, A.: »A propos de la prétendue invulnérabilité de Mirin Dajo«, in: *Bruxelles Médical*, Nr. 10, 1948

Bessemans, A.: »Notes additionnelles sur les exhibitions de Mirin Dajo«, in: *Bruxelles Médical*, Nr. 11, 1948

Bessemans, A: »La fin tragique de Mirin Dajo«, in: *Bruxelles Médical*, Nr. 38, 1948

Brunner, A, und Hardmeier, E.: »Mirin Dajo – Bericht über den letzten vor dem Tode erhobenen klinischen Befund ...«, in: *Schweizerische Medizinische Wochenschrift*, Nr. 49, 1949

»Das Bekenntnis Mirin Dajos«, in: *Tat* vom 16. Juni 1947

»Das Phänomen Mirin Dajo«, in: *Neue Zürcher Zeitung* vom 12. Juni 1948

»Das ›übernatürliche Phänomen‹ Mirin Dajo und seine wissenschaftliche Erklärung«, in: *Neue Zürcher Zeitung* vom 5. März 1950

»Das verbotene Wunder«, in: *Tat* vom 11. Juni 1947

»Den Dolch im Leib«, in: *Der Spiegel* vom 4. Oktober 1947

»Den Magen zu voll genommen«, in: *Der Spiegel* vom 12. Juni 1948

»Der entlarvte Messias«, in: *Nation* vom 21. Januar 1948

»Der ›unverletzliche‹ Mirin Dajo«, in: *Brückenbauer* vom 28. November 1947

»Ein schwarzer Tag für Mirin Dajo«, in: *Nationalzeitung* vom 17. September 1947

»Ein Wunder im ›Corso-Palais‹«, in: *Neue Zürcher Zeitung* vom 4. Juni 1947

»Ein Wundermensch in der Universitätsklinik«, in: *Tagesanzeiger* vom 2. Juni 1947

»Es hat einen gegeben, der es gewollt hat ...«, in: *Brückenbauer* vom 4. Juni 1948

»Nochmals: ›Es hat einen gegeben, der es gewollt hat …‹«, in: *Brückenbauer* vom 13. August 1948
»Fakir Mirin Dajo over zichzelf«, in: *Tilburgse Courant* vom 14. Juni 1946
»Hat Mirin Dajo versagt?«, in: *Tat* vom 20. Mai 1948
»Henskes de wondermens«, in: *Muziek* vom 24. Juni 1946
»Ik ben onkwetsbar zegt Mirin Dajo«, in: *De Waarheid* vom 7. Juni 1946
»Keine Angst vor Ziegelsteinen«, in: *Der Spiegel* vom 3. Januar 1948
»Lust u nog een glas?«, in: *Het Parool* vom 8. Juni 1946
Massini, Rudolf: »Bericht über die Demonstration von Mirin Dajo«, in: *Schweizerische Medizinische Wochenschrift*, Nr. 52, 1947
»Mirin Dajo«, in: *National Zeitung* vom 31. Mai 1948
»Mirin Dajo«, in: *Neue Zürcher Zeitung* vom 31. Mai 1948
»Mirin Dajo an einer sich selbst beigebrachten Verletzung gestorben«, in: *Basler Nachrichten* vom 31. Mai 1948
»Mirin Dajo de onkwetsbare«, in: *Telegraaf* vom 1. April 1950
»Mirin Dajo, der Unverwundbare«, in: *Tat* vom 3. Juni 1947
»Mirin Dajo gestorben«, in: *Tat* vom 30. Mai 1948
»Mirin Dajo im Lichte der Wissenschaft«, in: *Sie und Er* vom 27. Februar 1948
»Mirin Dajo keine große Sensation«, in: *National Zeitung* vom 19. September 1947
»Mirin Dajo Opfer seines Experimentierens«, in: *Winterthurer Landbote* vom 31. Mai 1948
»Mirin Dajo über sich selbst«, in: *Neue Zürcher Zeitung* vom 16. Juni 1947
»Mirin Dajo wird durchspießt«, in: *National Zeitung* vom 22. September 1947
Mulacz, Peter: »Deliberately caused bodily damage phenomena (DCBD): A different perspective«, in: *Journal of the Society for Psychical Research*, Nr. 852, 1998
»Neues Programm im Corso-Palais«, in: *Tagesanzeiger* vom 4. Juni 1947
»Nochmals …«, in: *Nation* vom 11. Februar 1948
»Nochmals Mirin Dajo«, in: *Basler Nachrichten* vom 22. September 1947
»Premiere im Corso-Palais«, in: *Neue Zürcher Zeitung* vom 3. Juni 1947
»Probleme um den ›Unverletzbaren‹«, in: *Tat* vom 19. September 1947
Schläpfer, E.: »Über angebliche körperliche Unverletzlichkeit«, in: *Schweizerische Medizinische Wochenschrift*, Nr. 15, 1948
»The Invulnerable Man«, in: *Life*, International Edition, Vol. 3, Nr. 12 vom 8. Dezember 1947
Undritz, E.: »Demonstration vor Ärzten aus Basel und andern Orten der

Schweiz auf Aufforderung der ›Freunde Mirin Dajos‹«, in: *Schweizerische Medizinische Wochenschrift*, Nr. 52, 1947
»Unverletzbarkeit«, in: *Basler Nachrichten* vom 19. September 1947
»Wondermens die zich laat doorsteken«, in: *De Tijd* vom 7. Juni 1946
»Wunder im Corso-Palais«, in: *Tat* vom 5. Juni 1947
»Zum Artikel: Es hat einen gegeben, der es gewollt hat ...«, in: *Brückenbauer* vom 18. Juni 1948
»Zum Auftrittsverbot von Mirin Dajo«, in: *Neue Zürcher Zeitung* vom 11. Juni 1947

Briefe:

Dajo, Mirin: Brief an Albert Einstein vom 27. Dezember 1947
Dajo, Mirin: Briefe an seine Eltern vom 29. Mai 1947 bis 31. Dezember 1947
De Boni, Claudio: Brief an Luc Bürgin vom 28. August 2003
De Groot, Jan: diverse Briefe an Verwandte und Bekannte vom 29. Mai 1947 bis 31. Dezember 1947
Einstein, Albert: Brief an Mirin Dajo vom 8. Januar 1948
Habicht, Paul: Brief an Albert Einstein vom 3. Dezember 1947
Henskes, Dirk Arnold Willem: Briefe an die Familie vom 31. Mai 1948 und 2. Juni 1948
Holzhaus, Ewald: Brief an Peter Mulacz, undatiert
Holzhaus, Ewald: diverse Briefe an Luc Bürgin vom 29. Juli 2003 bis 27. Oktober 2003
Neukom, Thomas: Brief an Luc Bürgin vom 26. August 2003
Riesterer, Peter: Brief an Luc Bürgin vom 11. September 2003
Sorge, Johannes: Brief an J. A. Rogenmoser vom 8. Dezember 1947

Broschüren und Bücher:

Schumacher, Jack: *Das Wunder Mirin Dajo*, Zürich 1947
Stelter, Alfred: *PSI-Heilung*, München 1973
Wagner, Willy (Hrsg.): *Mirin Dajo – Leben, Glaube, Tod, Klärungsversuch*, Zürich 1949